Ulrich Klever

Hunde

Hundehaltung mit Herz und Verstand

Mitarbeit: Katharina Seybold
Fotos: Christine Steimer
Zeichnungen: Renate Holzner

Inhalt

Diese Geschichten beinhalten Amüsantes und Lehrreiches aus dem reichen Erfahrungsschatz von Ulrich Klever.

I. Kapitel

Hundehaltung ohne Probleme

Vorüberlegungen

Einen Hund ins Haus zu holen bedeutet, für die nächsten zehn bis fünfzehn Jahre Verantwortung zu übernehmen für ein Lebewesen, das sich Ihnen – seinem Rudel – vertrauensvoll anschließt und unterordnet.

Ein Wort zuvor

Hundehaltung mit Herz und Verstand ist Inhalt und Programm dieses Buches, das dem Hundehalter alles sagt, was er über Hunde und das Zusammenleben mit ihnen wissen muss. Sobald ein Hund ins Haus kommt, beginnt ein »unkündbarer Vertrag auf Lebenszeit«: Der Mensch wird für den Hund Rudelführer, Familie und damit Mittelpunkt seines Lebens. Machen Sie sich klar, dass die Partnerschaft mit einem Hund so mühevoll wie Kindererziehung ist, ständig viel Zeit beansprucht und jährlich eine Menge Geld kostet. Überlegen Sie vor dem Kauf, welcher Hund zu Ihnen passt, zu Ihren Lebensgewohnheiten und Wohnverhältnissen. Bedenken Sie auch, dass Hunde Lauftiere sind und täglich ausreichend Bewegung brauchen. Genauso wie eine vernünftige, artgerechte Nahrung. Schließlich übernehmen Sie auch die Verantwortung für seine Pflege, seine Gesundheit und sein Wohlverhalten (siehe Seite 47 und 89). Zudem bietet Ihnen dieses Buch die Chance, Natur und Wesen Ihres Hundes genauer kennen zu lernen. Hunde sind zwar vom Menschen gezüchtet und an das Zusammenleben mit ihm angepasst, ihr Verhalten wird aber nach wie vor von den Eigenschaften ihrer Wolfsahnen bestimmt. In den Kapiteln »Der Hund – ein eigenständiges Wesen« (siehe Seite 70) und »Der Hund und sein Verhalten« (siehe Seite 75) schildere ich Ihnen, wie der Hund den Menschen sieht und welche Folgen es haben kann, wenn wir Hunde vermenschlicht sehen. Dadurch werden Sie Ihren Hund und seine Reaktionen, seine Körper- und Lautsprache besser verstehen – wichtig für das problemlose Zusammenleben, denn nur wer über Hundeverhalten Bescheid weiß, wird seinen Hund konsequent erziehen und richtig mit ihm umgehen können. Weil ich aus Erfahrung weiß, wie viel von der Erziehung des jungen Hundes abhängt, habe ich diesem Thema ein ausführliches Kapitel gewidmet (siehe Seite 89).

Dieses Hundebuch habe ich aus der Summe meiner Erfahrungen geschrieben, die mich mein Leben mit Hunden gelehrt hat, und dem Wissen, das ich als Zoologe und Autor zahlreicher, sehr erfolgreicher Hundebücher gesammelt habe. Es soll Ihnen zu einem gesunden und folgsamen Hund verhelfen, mit dem Sie eine glückliche Mensch-Tier-Beziehung verbindet, vielleicht sogar eine Freundschaft.

Ulrich Klever

Fragen zur Anschaffung

Wer sich zum ersten Mal einen Hund anschaffen will, muss sich mit einer Reihe von Fragen auseinander setzen. Damit sie nicht zu Problemen für Sie werden, stelle und beantworte ich in diesem Kapitel diese Fragen.

Partnerschaft mit einem Hund

Wenn ein Hund zu Ihnen kommt, ersetzen Sie ihm seine Familie. Denn ein Hund ist von Natur aus ein Rudeltier, das im Verband leben möchte. Im Lauf der Zeit hat er den Menschen als Rudelführer anerkannt und ist unser vierbeiniger Freund geworden. Ihn nach einiger Zeit wieder aus dieser Bindung zu lösen, ist für den Hund sehr schlimm.
Deshalb sollten Sie sich immer klarmachen:

- Die Partnerschaft mit einem Hund dauert mindestens zehn Jahre, wenn nicht länger.
- Der Hund kostet Jahr für Jahr viel Geld.
- Der Hund beansprucht täglich zwei bis drei Stunden Ihrer Zeit.
- Sie müssen genügend Raum für artgerechte Unterbringung und ausreichende Bewegungsfreiheit gewährleisten.

Nur wer diese Voraussetzungen erfüllen kann, ist geeignet, mit einem Hund zu leben.
Schaffen Sie sich nie einen Hund aus Mitleid, aus einer Modelaune heraus an oder um der Familie eine Überraschung zu bereiten. Ein Hundekauf muss sorgfältig überlegt und möglichst mit der ganzen Familie geplant werden.

Hund und Katze?

Aus eigener Erfahrung geht das sehr gut, wenn

- reichlich Platz vorhanden ist, so dass sich die Tiere aus dem Weg gehen können;
- die Hunderasse vom Charakter her friedlich und die Katze verträglich ist.

Hund und Katze – das klappt, wenn sie zusammen aufwachsen.

Wachsen Kind und Hund gemeinsam auf, profitieren und lernen beide entsprechend viel voneinander.

Am Besten holt man zu einem erwachsenen Hund eine junge Katze oder lässt beide zusammen aufwachsen. Schwieriger ist es, einen erwachsenen Hund in einen Katzenhaushalt einzugliedern.
Andere Heimtiere, wie Hamster, Ratte, Meerschweinchen oder Kaninchen, wird ein Hund naturgemäß als Beute betrachten. Entweder man hält die Tiere streng getrennt, oder man muss auf Kaninchen oder Hund verzichten. Dass es die merkwürdigsten Tierfreundschaften gibt, ist die Ausnahme der Regel.

Ein zweiter Hund?

Voraussetzung dafür ist so viel Platz – möglichst ein Garten und mehrere Zimmer –, dass jeder Hund bei Bedürfnis nach Ruhe eine Ausweichmöglichkeit hat. Ist der Neue ein Welpe, verläuft das Aneinandergewöhnen verhältnismäßig problemlos. Wenn der zweite Hund bereits erwachsen ist, müssen Sie vorsichtiger sein und dürfen vor allem nichts erzwingen. Wichtig dabei ist, dass Sie die beiden Hunde stets ihrem Rang entsprechend behandeln.

Hund und Baby – geht das gut?

Ist der Hund bereits in der Familie, wenn das Baby kommt, wird er es als neues Rudelmitglied akzeptieren. Und zwar als Welpen, den er zu dulden und zu schützen hat. Zu Fehlverhalten kommt es sehr selten (nur bei schwer neurotischen Hunden). Vorausgesetzt, Sie vernachlässigen den Hund des Babys wegen nicht und geben ihm keinen Anlass zur Eifersucht. Beißt der Hund Fremde, die das Baby anfassen, so ist das sein natürlicher Schutztrieb.
Wenn ein Baby unterwegs ist, sollten Sie den Hund vom Tierarzt untersuchen lassen, Ihrem betreuenden Arzt sagen, dass Sie einen Hund haben, und besonders auf Hygiene achten (siehe Seite 61). Um zu verhindern, dass der Hund später eine Infektionsquelle für das Kind darstellt, empfiehlt sich eine regelmäßige Behandlung des Hundes gegen Parasiten und die jährlichen Impfungen (siehe Seite 60).
Zudem sollten Sie verhindern, dass Kind und Hund aus einer Schüssel essen, sich gegenseitig ablecken und in einem Bett schlafen.

Rechtsfragen

Der Hund in der Mietwohnung

Bevor Sie sich einen Hund anschaffen, sollten Sie Ihren Mietvertrag genau lesen: Dürfen Sie in Ihrer Wohnung einen Hund halten? Leider gibt es keine eindeutige Rechtsvorschrift über das Halten von Hunden in Mietwohnungen. Das Recht des Menschen auf ungestörte Entfaltung seiner Persönlichkeit schließt das Halten eines Hundes mit ordentlichen Manieren ein, denn nur wenn er die Mitmieter nicht konkret belästigt (Ruhe- und Hygieneverständnis), liegt nicht der Tatbestand des vertragswidrigen Gebrauchs der Mietwohnung vor (AG Würzburg, Az: 13 C 258/82), selbst dann nicht, wenn nach dem Mietvertrag die Hundehaltung nur mit Genehmigung des Vermieters erlaubt ist (LG München, Az.: 15 S 265/84).
Es muss in jedem Einzelfall nachgewiesen werden, dass die Haltung eines Hundes tatsächlich eine unzumutbare Belästigung, wie Lärm oder Schmutz, für die anderen Hausbewohner darstellt. Allein die formularmäßige Klausel im Mietvertrag, dass die Tierhaltung nicht genehmigt sei, genügt für ein Verbot nicht (AG Charlottenburg, Az.: 9 T 1009/85).
Ich rate Ihnen, sich rechtzeitig mit dem Vermieter zu verständigen oder keinen Mietvertrag mit Hundeverbot zu unterschreiben. Denn was ich noch schrecklicher finde, als sich einen Hund gar nicht anschaffen zu können, ist, seinen Hund abschaffen zu müssen, nur weil man umzieht.

Der Hund in der Eigentumswohnung

In einer Eigentumswohnung ist die Hundehaltung grundsätzlich erlaubt. Ein generelles Verbot der Hundehaltung kann vertraglich wirk-

Der »bissige« Scottie

Ein junger Scotch Terrier wird an eine Dame verkauft, die noch nie einen Hund hatte und wohl auch wenig Beziehung zu Tieren. Sie wusste also nicht, dass Junghunde – und natürlich auch ihr Scottie – versuchen, aus Spielerei den Menschen in die Hacken zu beißen, weil sie das bei ihrer Mutter auch so machen. Die Dame rannte schreiend davon, der Hund juchzend hinterher. Behauptung: Der kleine, zwölf Wochen alte Scottie habe die Dame anfallen wollen. Der Hund wurde von der Züchterin zurückgekauft. Er ist jetzt knapp ein Jahr alt, völlig normal und hat sich längst anderen Dingen als Damenhacken zugewandt. Wäre er bei der ängstlichen Dame geblieben, könnte er jetzt schon bissig sein. Und die kurzfristige Besitzerin des Scotch Terriers behauptet sicher, Scotties seien bissige Hunde!

Hund und Kosten

Das kostet Sie Ihr Hund

✔ Anschaffung: Diese Kosten sind auf ein Hundeleben gerechnet die geringsten. Deshalb sollten Sie beim Hundekauf nicht sparen. Beim Züchter bis 3000 Mark einmalig. Holen Sie den Hund aus dem Tierheim, müssen Sie mit 200 bis 400 Mark rechnen.

✔ Ausstattung: Der Preis ist abhängig von der Qualität und davon, wie oft Sie sie erneuern. In zehn Jahren 400 bis 3000 Mark.

✔ Nahrung: Ein Hund braucht täglich seine eigene, spezielle Nahrung. Sie müssen täglich zwischen etwa zwei und zehn Mark ansetzen. Das macht pro Jahr 730 bis 3650 Mark.

✔ Hundesteuer: Sie ist nach Gegend und Ortsgröße verschieden und beträgt heute zwischen 80 und 200 Mark pro Jahr. Ein Zweithund ist wesentlich teurer.

✔ Versicherung: Eine Haftpflichtversicherung für Ihren Hund sollten Sie unbedingt abschließen. Rechnen Sie mit jährlich 100 bis 150 Mark.

✔ Tierarzt: Schon die jährlichen Impfungen führen Sie zum Tierarzt. Außerdem kann der Hund krank werden oder sich verletzen: Ich rechne im Jahr mit 300 Mark.

sam nur durch einen einstimmigen Beschluss der Wohnungseigentümer beschlossen werden (AG Hildesheim, Az.: 25 UR II 21/88). Zulässig ist jedoch nach der Rechtsprechung ein Beschluss, der Tierhaltung in den Eigentumswohnungen auf eine vertretbare Zahl begrenzt. Zugestanden wird so zum Beispiel die Beschränkung auf einen Hund und eine Katze (OLG Frankfurt, Az.: 11 W 142/87).

Der Hund im Haus

Hier kann man ungefragt und ungestört Hunde halten. In einem Reihenhaus, vor allem wenn die Zäune fehlen, sollte man ein Arrangement mit den Nachbarn treffen und dafür sorgen, dass der Hund nicht lästig wird oder stört. Wer seinen Hund richtig erzieht und selbst Rücksicht auf andere Menschen nimmt, wird sich eine Menge Ärger ersparen.

Der Hund und die Nachbarn

Ein Hund in einer Wohnung oder in einem Reihenhaus lebt sozusagen in der Öffentlichkeit. Nachbarn hören ihn, sehen ihn und stoßen auf seine Hinterlassenschaften.

Ein wohlgelittener Hund soll

- den Anweisungen und Befehlen seines Menschen sofort gehorchen;
- nicht beim kleinsten Geräusch bellen;
- Fremde weder anspringen noch anbellen;
- sich nicht mitten auf dem Gehweg lösen.

Der Hund und sein Dreck

Dies ist vor allem eine Frage unserer Rücksichtnahme und das größte Problem der Hundehaltung. Hier muss ich wieder juristisch werden: Hundekot auf dem Gehsteig muss nicht sein, lässt sich andererseits, wie jeder Hundehalter weiß, nicht immer vermeiden. Ordnungsstrafen für den Hundeführer können die Folge sein, da die Rechtsprechung eine abstrakte Gefahr für die Gesundheit der Bevölkerung bejaht hat, wenn Gehwege durch die Notdurft der Hunde verunreinigt werden. Dies ergibt sich aus der medizinisch begründeten Tatsache, dass Hunde gewisse Krankheiten übertra-

Nur verantwortungslose Hundehalter lassen zu, dass sich ihr Hund auf einem Kinderspielplatz löst.

gen können (VGH Mannheim, Az.: I 1996/79). Darüber hinaus bewirkt die Verunreinigung von Gehwegen durch Hundekot auch insoweit eine Gefahr, als sie dazu führen kann, dass Fußgänger ausrutschen und sich dabei verletzen können (OLG Karlsruhe, Az.: 3 Ss 113/82). Wer seinen Hund gar auf einer Spiel- oder Liegewiese seinen Kot absetzen lässt und diesen nicht beseitigt, erfüllt zumindest den Tatbestand einer Ordnungswidrigkeit nach dem Abfallbeseitigungsgesetz, wenn nicht sogar den Straftatbestand einer unterlassenen Umwelt gefährdenden Abfallbeseitigung nach § 326 Absatz 1 Ziffer 1 Strafgesetzbuch (OLG Düsseldorf, Az.: 5 Ss 300/90-128/90 I).

Haltung so genannter Kampfhunde

Schon den ganz normalen Hundehalter treffen eine Reihe von Vorschriften und Gesetzen, sei es nun die Hundehaltung in der Mietwohnung oder die Tierhalterhaftung. Im besonderen Maße muss sich aber erst recht der Halter eines so genannten »Kampfhundes« um die Einhaltung der vielfältigen Gesetze und Verordnungen kümmern.

Da solche Hunde generell als gefährlich eingestuft werden, ist es in allen Bundesländern Pflicht, solche Tiere anzumelden. Da diese landesrechtlichen Verordnungen nicht einheitlich sind und jeweils unterschiedliche Rassen unter den Begriff »Kampfhund« fallen, das bedeutet hier Hunde mit gesteigerter Aggressivität und Gefährlichkeit, sollte man sich bereits vor der Anschaffung eines solchen Hundes mit der speziellen landesrechtlichen Gesetzes- und Verordnungslage vertraut machen.

Vielfach gilt für solche Hunde generell ein Maulkorb- und Leinenzwang auf öffentlichem Gelände, was nach der Rechtsprechung (OVG Münster, Az.: 5 B 3201/96; VGH Mannheim, Az.: 5 B 3201/96 und Az.: 1 S 2683/94) auch zulässig ist und nicht gegen das Tierschutzgesetz verstößt. Bei einem »grenzüberschreitenden Verkehr« in ein anderes Bundesland muss man sich mit den dort geltenden Hundehaltervorschriften vertraut machen.

Schwer hat es auch der Halter eines als gefährlich eingestuften Hundes, wenn er zur Miete wohnt. Während bei kleineren Hunden ohne konkrete Belästigungen meist keine mietrechtlichen Probleme entstehen, gelten selbst schon Bullterrier als unberechenbar und müssen vom Vermieter nicht ohne weiteres geduldet werden (LG Gießen, Az.: 1 S 128/94; LG Krefeld, Az.: 2 S 89/96). Auch Rottweiler, Dobermann und Dogge, die schon auf Grund ihres Erscheinungsbilds Furcht einflößend wirken, dürfen nur mit ausdrücklicher Zustimmung des Vermieters gehalten werden (LG Hamburg, Az.: 333 S 151/98).

Ähnlich ist auch die Rechtslage in der Eigentumswohnung. Hier können als gefährlich eingestufte Hunde mit einem Mehrheitsbeschluss der Wohnungseigentümer aus der Wohnungseigentumsanlage verbannt werden (OLG Frankfurt, Az.: 2 U 124/92).

Schließlich darf die Gemeinde vom Halter gefährlicher Hunde auch eine ganz wesentlich höhere Hundesteuer fordern. Eine um das 15fache erhöhte Hundesteuer für »Kampfhunde« (siehe oben) wurde daher für rechtens und nicht als unverhältnismäßig erklärt (OVG Lüneburg, Az.: 13 L 521/95).

Kauf und Ausstattung

Nur wenn sich Ihr Hund bei Ihnen wohl fühlt, wird die Partnerschaft auf Dauer für alle erquicklich. Deshalb ist es wichtig, den richtigen Hund zu wählen, und auch die Ausstattung für ihn muss stimmen.

Der Hundekauf

Da bei den einzelnen Familienmitgliedern meist recht unterschiedliche Meinungen über den Wunschhund bestehen, sollte die Anschaffung gemeinsam überlegt und durchdiskutiert werden. Auch beim Aussuchen selbst sollten beide Ehepartner und die größeren Kinder dabei sein. Das ist besonders wichtig bei einem erwachsenen Hund aus dem Tierheim (siehe Seite 18), der sich oft spontan an die Person anschließt, die ihn aus dem Tierheim holt, und dann die anderen Familienmitglieder nur unter Schwierigkeiten an sich heranlässt.

Rassehunde bekommt man beim Züchter. Adressen erhalten Sie von den Rassehundvereinen oder direkt über den Verband für das Deutsche Hundewesen (VDH); für Österreich beim Österreichischen Kynologenverband; für die Schweiz bei der Schweizerischen Kynologischen Gesellschaft (Adressen, siehe Seite 155). Amateurzüchter und Hundehalter haben erwünschten oder unerwünschten Nachwuchs zu verkaufen. Sie inserieren meist unter der Rubrik »Tiermarkt« in der Tageszeitung, einem Wochenanzeiger oder auch im Internet. Auch in Tierheimen warten viele tolle Hunde jeden Alters auf ein neues liebevolles Zuhause.

Junger Hund oder erwachsener Hund? Je jünger der Hund ist, desto mehr wird es Ihr Hund. Jung, das heißt zehn bis zwölf Wochen alt. Sehr wichtig ist, dass Sie den Hund selbst abholen (siehe Seite 93). Auch wenn es Ihnen umständlich erscheinen mag, aber Sie profitieren ein ganzes Hundeleben lang davon.

Ein junger Hund erfordert das erste halbe Jahr viel Zeit, und Sie können keinen Urlaub machen. Junge Hunde haben ähnliche Ansprüche wie kleine Kinder: Sie wollen immer dabei sein; sie wollen wissen, wo sie hingehören; sie wollen einen geregelten Tagesablauf. Sie wollen aber auch, dass man sich mit ihnen beschäftigt. Und das müssen Sie, denn je mehr Sie einem jungen Hund beibringen, umso leichter werden Sie es die ganzen späteren Jahre haben. Nutzen Sie die Zeit, denn für einen Welpen ist ein Tag so lang wie für den Menschen eine Woche oder ein ganzer Monat. Und Hunde sind nie mehr so lernbegierig wie in früher Jugend (Erziehung des Hundes, siehe Seite 89).

Ein erwachsener Hund scheint auf den ersten Blick problemloser zu sein, denn er ist bereits stubenrein, mehr oder weniger gut erzogen und hat seine Flegeljahre hinter sich. Doch bedenken Sie: Ein erwachsener Hund ist eine fertige Persönlichkeit mit allen charakterlichen Tugenden und Fehlern. Er muss lernen, Sie, seine neuen Menschen, zu verstehen und sich bei Ihnen einzugewöhnen. Um ihm dabei zu helfen, brauchen Sie viel Geduld und Einfühlungsvermögen. So empfehle ich erwachsene Hunde nur Menschen, die bereits gewisse Erfahrung im Umgang mit Hunden haben.

Warum einen Hund vom Züchter?

- Bei ihm können Sie sich gezielt den Hund aussuchen, den Sie haben wollen.
- Sie lernen die Hundemutter kennen, und man zeigt Ihnen auch, wer der Vater ist.
- Sie sehen die Umwelt, in der das junge Tier aufwächst.
- Der Züchter kann Ihnen eingehend die typischen Rassenmerkmale und individuellen Eigenheiten Ihres Hundes beschreiben. So können Sie sich besser vorstellen, wie Ihr Hund im Aussehen und Wesen wird.
- Er hilft Ihnen, mit dem Hund richtig umzugehen, und Sie können ihn auch später immer um Rat fragen.
- Wenn er ein guter Züchter ist und kein bloßer Hundeverkäufer, rät er sogar manchmal vom Kauf ab, wenn diese Rasse für Sie zu problematisch sein könnte.

Einen guten Züchter mit guten Hunden erkennen Sie bei einem Besuch sofort:

- Er hat sich nur auf die Züchtung von einer oder zwei Rassen beschränkt und stellt auch Ihnen Fragen, damit er sich ein Bild vom neuen Platz seines Welpen machen kann.
- Bei ihm leben die Hunde nicht nur im Zwinger, sie werden zum Teil im Haus aufgezogen und haben deshalb den richtigen Kontakt zu den Menschen und eine möglichst abwechslungsreiche Umgebung.
- Der Hund ist körperlich und seelisch gesund, ist entwurmt und vorschriftsmäßig geimpft und hat die notwendigen Papiere: eine Ahnentafel mit dem Wurfdatum und dem bestätigten Eintrag in das Zucht- oder Stammbuch der Rasse (siehe Seite 148) sowie den Impfpass (siehe Seite 60).
- Dem Hund ist bereits ein Zahlencode eintätowiert oder ein Mikrochip mit einer Nummer unter die Haut gespritzt. Mit diesem Code oder dieser Nummer können Sie den Hund in einem Haustierregister registrieren lassen (Adressen, siehe Seite 155), um ihn im Fall eines Verlustes wieder zu finden. Bei Rassehunden wird diese Nummer auch in den Stammbaum eingetragen.

Kaufen Sie einen Rassehund beim Züchter, können Sie sichergehen, dass er dem Rassestandard entspricht.

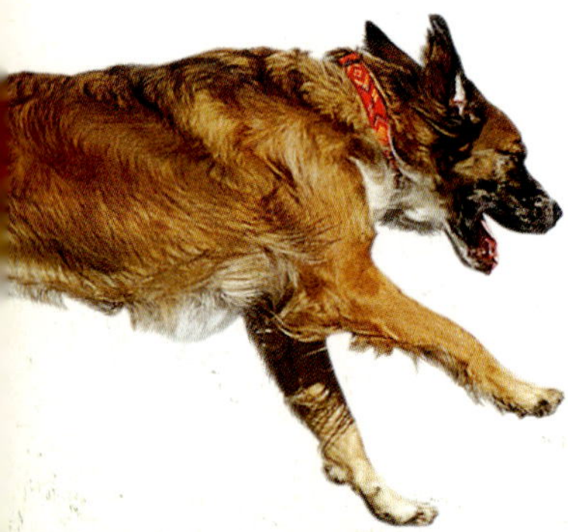

Auch bei den Amateurzüchtern können Sie sich selbst davon überzeugen, aus welcher Umgebung und von welchen Eltern der Hund stammt. Es sei denn, Sie entscheiden sich für einen Mischling, aber dann kennen Sie zumindest die Mutter.

Ein Hund aus dem Tierheim?

Dafür sollten Sie sich nur mit Vorbehalt entscheiden, denn hier spielt immer der Zufall mit. Sie brauchen schon eine gewisse Hundeerfahrung, denn Sie wissen nichts oder nur wenig über das Vorleben des Hundes (es sei denn, die Leute vom Tierheim können Ihnen Auskunft geben). Rechnen Sie also nicht mit einem wohlerzogenen, immer stubenreinen, problemlosen Hund. Am sichersten gehen Sie,

wenn Sie sich einen jungen Rassehund aus dem Tierheim holen.
Und doch bedeutet jeder Hund aus dem Tierheim ein gerettetes Hundeleben. Denn im Tierheim leben unerwünschte Hunde, die wegen Todesfall, Krankheit, Scheidung oder Umzug in eine Wohnung, in der Hundehaltung verboten ist, hierher gebracht oder aus Überdruss ausgesetzt oder abgegeben wurden. Die ärmsten sind die älteren und alten Hunde, denn sie nimmt kaum jemand. Es können Problemhunde sein oder aber das große Glück für Sie werden. Im Übrigen bekommt nicht jeder einen Hund aus dem Tierheim: Das neue Zuhause wird vom Tierheim sehr genau auf »Hundetauglichkeit« geprüft.
Alle Hunde aus dem Tierheim werden regelmäßig tierärztlich kontrolliert. Entscheiden Sie sich für einen Hund aus dem Tierheim, ist dieser in der Regel entwurmt, geimpft und vielleicht auch kastriert, was natürlich einiges kostet. Deshalb müssen Sie mit einer Abgabespende von wenigen hundert Mark rechnen. Außerdem müssen Sie einen Schutzvertrag unterschreiben, der Sie dazu verpflichtet, mit dem Hund nicht zu züchten (um eine Welpenschwemme in den Tierheimen zu verhindern), das Tier nicht ohne Rücksprache mit dem Tierheim weiterzugeben, den Hund artgerecht zu halten und ihn bei Krankheit medizinisch versorgen zu lassen.

Rüde oder Hündin?

Dies ist eine Frage der persönlichen Vorliebe. Vergessen Sie alle Verallgemeinerungen, wie Hündinnen sind zärtlicher oder Rüden schließen sich nur dem Mann in der Familie an. Jeder Hund ist anders.
Sicher ist, dass Hündinnen zweimal im Jahr läufig werden und während dieser Zeit ihr Verhalten ändern und danach Nachwuchs bekommen können (siehe Seite 84). Rüden zeigen immer ihre Liebeslust, wenn in der Nachbarschaft eine Hündin läufig ist. Sie heben auf Spaziergängen häufiger das Bein, um ihre Duftmarken zu setzen (siehe Seite 82).
Ich rate Ihnen, stellen Sie fest, wie viele Rüden und Hündinnen in Ihrer Nachbarschaft leben, und schließen Sie sich der Mehrheit an. Das macht die Hundehaltung problemloser.

Bei der Wahl des geeigneten Rassehundes müssen Ihre Bedürfnisse und die des Hundes übereinstimmen. Dalmatiner und Berner Sennenhund brauchen viel Auslauf.

Muss es ein Rassehund sein?

Ob Sie sich für einen Rassehund oder Mischling entscheiden, ist kein Garant für ein glückliches Zusammenleben. Ein Mischling bringt die gleichen Voraussetzungen für eine harmonische Partnerschaft mit wie ein Rassehund. Rassehunde haben bestimmte, besonders ausgeprägte Veranlagungen und Fähigkeiten, was bei Mischlingen, Mischungen mehrerer Rassen, nicht der Fall ist. Es trifft oft zu, dass Mischlinge intelligenter und wesensfester sind als hochgezüchtete Rassehunde, bei denen es lange vor allem auf das perfekte Erscheinungsbild ankam. Der Besitzer eines Rassehundes weiß ziemlich genau, was er von seinem Tier erwarten kann. Auch bei Mischlingen kommt es auf die Eltern an, die oft unbekannt sind. So ist die Anschaffung eines Mischlings immer ein Glücksspiel, kann aber auch ein Haupttreffer für Sie werden.

Entscheiden Sie sich für einen Rassehund, sollten Sie sich über die jeweiligen rassespezifischen Gesundheitsprobleme, wie ererbte Anfälligkeit für Skelettdeformationen, informieren. Verantwortungsvolle Züchter werden nur mit Tieren züchten, die frei von solchen rassespezifischen Krankheiten sind.

Große Frage: Welche Rasse?

Oft entspricht Ihre eigene Traumrasse nicht den Gegebenheiten Ihres wirklichen Lebens. Experimente dürfen und können Sie hier nicht machen. Umso schöner, wenn Ihr Wunschhund in Ihre Wirklichkeit passt. Die Auswahl und die Möglichkeiten sind ja sehr groß: Es gibt über 300 verschiedene Hunderassen. Die 60 beliebtesten werden in diesem Buch vorgestellt (siehe Seite 114 bis 143).

Mein Fazit: Suchen Sie sehr gewissenhaft die wirklich zu Ihnen passende Rasse. Die unterschiedlichen Bedürfnisse und Wesensunterschiede finden Sie im Rassenteil.

Wastl im Trachtenlook

Rauhaardackel Wastl war zwar nicht besonders kräftig, aber doch unverkennbar ein Dackel. Leider wie aus einer Karikatur, denn er trug meist einen grauen Janker mit Eichenblatt-Applikationen und, wenn es kälter war, einen wollenen Trachtenmantel. Original bayrisch, denn er lebte in Rosenheim. Frauchen war stolz auf ihn und auf seine Kleidung, denn sie hatte sie selbst genäht und gestrickt. Nur Wastls Fell machte ihr Sorge, das wurde dünn und dünner. Der Tierarzt gab die Schuld den Anzügen, da wechselte Frauchen den Tierarzt. Bis dann eines Tages ein Vorstehhund Wastl in den Rücken biss und schüttelte. Der Janker verhinderte Schlimmes, doch er war die Ursache. Es hatte geregnet, und der Janker roch. Roch wie ein Hase, wie der neue Tierarzt feststellte, den Frauchen mit Wastl aufsuchte. Darum hatte der Jagdhund zugepackt. Wastl trägt jetzt keine Tracht mehr, und sein Fell wird auch schon dichter.

Die Grundausstattung

Wer sich einen Hund anschafft, ist noch kein Hundebesitzer, sage ich immer. Besitzer wird man nicht einfach durch den Kauf, sondern durch das Zusammenleben mit dem Hund, und das will gelernt sein. Packen wir es an! Wenn Ihr neuer Hund zu Ihnen kommt, ist er noch ein »armer« Hund, denn außer seinen Menschen hat er nichts. Er braucht aber, um sich bei Ihnen wohl fühlen und zivilisiert leben zu können, eine Reihe von Dingen.

Als Erstes bekommt der Welpe einen Namen. Der Zwingername aus seinem Stammbaum ist für den täglichen Gebrauch oft nicht geeignet, weil jeder Welpe aus einem Wurf den gleichen Anfangsbuchstaben hat und deshalb oft merkwürdige Namen gewählt werden. Da Sie den Hundenamen viel benutzen werden und sollen, muss er auch gut verständlich klingen, nicht hart wie ein Kommando oder ein Tadel. Zweisilbige Worte mit o, u oder a sind besonders geeignet. Zum Beispiel Donna, Pola, Numa oder Bosco. Einen Hund Otto zu nennen finden sicherlich alle Leute, die Otto heißen, nicht unbedingt komisch. Denken Sie daran, dass Sie den Namen Ihres Hundes auch mal in einer Menschenmenge laut rufen müssen. Haben Sie aber Mut zur Fantasie.

Halsband und Hundeleine sind wichtig. Sie sollten der Größe des Hundes entsprechen.

Wenn ich ein Hund wäre und man würde mich Lumpi, Karo, Foxl oder Waldi rufen, ich würde mich nicht darum scheren.

Von den Dingen, die ein Hund weiterhin braucht, sind die folgenden unbedingt nötig:

- ein Lager (siehe Seite 25);
- eine Decke (siehe Seite 25);
- zwei Schüsseln (siehe Seite 25);
- ein Halsband (siehe unten);
- eine Leine (siehe Seite 22);
- eine Bürste beziehungsweise ein Kamm (siehe Seite 24);
- diverse Spielsachen (siehe Seite 24).

Hundeartikel kauft man im Zoofachhandel oder bestellt sie per Katalog bei Spezialversandhäusern. Deren Adressen finden Sie in Hundzeitschriften.

Ein Halsband

Das Halsband, an das wir den Welpen gewöhnen, kann sehr einfach sein, denn aus diesem Kinderhalsband ist er bald herausgewachsen. Am Halsband sollte sich eine Adresskapsel oder ein Adresstäschchen mit Ihrer Anschrift und ein Namensschild befinden, damit der Hund wieder zurückgebracht werden kann, wenn er Ihnen einmal weggelaufen ist.

Das Halsband hat im Hundeleben zwei Aufgaben zu erfüllen:

- Sie müssen den Hund sicher daran festhalten können – entweder durch die Leine oder mit der Hand.
- Es muss den Hund schmücken.

Das bedeutet, dass ein Halsband der Rasse und der Zugkraft des Hundes entsprechend stabil sein muss, dass es aber auch der Rasse und unserem Schönheitssinn entsprechend verarbeitet sein soll.

Das Angebot an Halsbändern ist verwirrend groß. Die meisten werden wie ein Gürtel geschnallt und dadurch leicht zum Problem: Lässt man die Schnalle zu locker, kann der Hund rückwärts aus dem Band und von der Leine schlüpfen; schnallt man das Halsband zu eng, stört es den Hund.

Dies lässt sich einerseits vermeiden durch ein Halsband mit Zug, das sich nach Bedarf zuzieht. Kaufen Sie aber nur ein Band mit beschränktem Zug, bei dem der zuziehende Ring

Will der Hund ungestört sein, zieht er sich auf – oder unter – seine Decke zurück.

gestoppt wird. Fehlt der Stopper, können Sie den Hund oder der Hund sich selbst mit seinem Halsband erwürgen. Dies lässt sich andererseits vermeiden durch ein Brustgeschirr, das um Hals und Brust verläuft und locker getragen werden kann. Es ist hübsch anzuschauen, aber wenig für zugstarke Hunde geeignet, abgesehen von Zuggeschirren für Schlittenhunde oder Suchhunde.

Kettenhalsbänder sind besonders leicht, und man kann ein zweites in der Tasche tragen (wichtig bei Erziehungsspaziergängen, siehe Seite 95). Achten Sie beim Kauf darauf, dass das Material rostfrei ist, sonst verfärbt es helles Fell. Für Welpen sind Kettenhalsbänder ungeeignet. Die meisten Hundehalter benutzen Leder- oder Textilhalsbänder.

Halsbänder sollten der Rasse entsprechen. Teure Halsbänder sollten Sie erst kaufen, wenn der Hund vollständig ausgewachsen ist.

Eine Leine

Kurz oder lang, breit oder schmal, das ist eine Frage des persönlichen Geschmacks und/oder der Größe des Hundes.

Eine Abrollleine, die zwischen vier und zehn Meter lang sein kann, entspricht beiden Anforderungen: Sie rollt sich von selbst auf, Sie können mit daumenbetriebener Bremse den Bewegungsradius des Hundes bestimmen und ihn durch den Dauerstopp auch kurz bei Fuß führen. Der Nachteil: Sie haben einen handtäschchengroßen Kunststoffkasten mit Griff in der Hand. Lassen Sie ihn fallen, bewegt er sich durch die Aufrollautomatik scheppernd auf den Hund zu, der vermutlich erschrickt und vielleicht wegläuft.

Mit Karabinerhaken verstellbare Leine: Material, Breite und Ausführung der Leine sind individuelle Entscheidungen des Hundehalters und eine Frage der Rasse.

Der Karabinerhaken, der die Leine halten soll, ist wichtig. Es gibt drei Typen:

- Der Simplex-Karabinerhaken ist sicher, aber nur ein sehr kräftiger Daumendruck kann ihn von der Leine lösen.
- Der Zangenhaken kann leicht und schnell geöffnet werden, tut dies bei nachlassender Feder aber auch mal von selbst, weshalb er nicht völlig sicher ist.

Eine wannenartig über die Rückbank im Auto gespannte Decke bietet dem Hund sicheren Schutz und Halt beim Fahren.

Mit Hilfe eines Frischluftgitters bekommt der Hund ausreichend Luft im Auto.

➤ Der Bolzenhaken (mein Favorit) ist leicht zu öffnen (einhändig) und hält, falls der Verschluss kaputtgehen sollte, noch immer den Ring des Halsbandes.

Leinenzwang ist zwar gesetzlich nicht vorgeschrieben, doch in öffentlichen Anlagen kann eine Gemeinde solche Auflagen anordnen. Dies gilt nicht nur für gefährliche Hunde, sondern auch für solche, die bereits durch ihre Größe eine Gefahr für schutzbedürftige Personen signalisieren. Näheres erfahren Sie beim VDH (Adressen, siehe Seite 155).

Nützliches rund ums Auto

Im Zoofachhandel finden Sie dazu:

➤ ein Schutznetz (oder Schutzgitter), das den Rückraum im Auto von den Vordersitzen trennt und verhindert, dass der Hund nach vorn klettert oder springt oder bei scharfer Bremsung durch das Auto fliegt;

➤ eine Spezialdecke, die – über die Rücksitze gespannt – dem Hund einen wannenartigen, sicheren Platz bietet;

➤ ein Frischluftgitter, das in die geöffnete Scheibe geklemmt wird, für Frischluft sorgt, trotzdem keinen Zugriff in den Wagen erlaubt und dem Hund nicht gestattet, seinen Kopf aus dem Fenster zu stecken (siehe Foto oben);

➤ einen Wasserkanister und eine Wasserschüssel für längere Autofahrten.

Was Sie sonst noch brauchen

Neben der notwendigen Grundausstattung gibt es Ausstattungsgegenstände, die sich als sehr brauchbar erwiesen haben.

Eine Hundepfeife brauchen Sie, wenn Sie Ihren Hund frei laufen lassen können und ihn auch aus größeren Entfernungen zu sich rufen müssen. Auch zur Erziehung ist sie nützlich. Sie klingt für den Hund immer gleich bestimmend und reicht weiter als Ihre Stimme. Ich plädiere für die lautlose Ultraschallpfeife, deren Ton Menschen nicht wahrnehmen können. Die Pfeife sorgt dafür, dass Ruhestörungen durch schrille Pfiffe vermieden werden.

»**Kotboy**« oder wasserdichte Tüten mit Pappschaber. Mit diesen Gerätschaften aus dem Zoofachhandel können Sie die Häufchen Ihres Hundes entfernen.

Ein Maulkorb, meist ein Riemengeflecht aus Leder oder Hartplastik oder aus leichtem Nylon, wird dem Hund so über die Schnauze gestülpt, dass er nicht mehr beißen, aber noch hecheln kann.

Der Maulkorb ist Pflicht für beißfreudige Hunde – auch beim Tierarztbesuch –, die bereits mehrfach andere Hunde oder etwa Menschen angegriffen und verletzt haben. In manchen Bundesländern ist der Maulkorb für bestimmte Rassen und Hunde ab einer bestimmten Größe und Gewicht vorgeschrieben. Auch in manchen europäischen Ländern, wie in Italien und Österreich, gilt Maulkorbzwang. Näheres erfahren Sie beim VDH (Adressen, siehe Seite 155).

Ein Zwinger im Garten ist zur gelegentlichen Unterbringung für große und unempfindliche Rassen, wie Hirtenhunde, Bernhardiner und Neufundländer, oder lebhafte und sehr wachsame Hunde, wie Dobermann, Rottweiler und Bullterrier, recht nützlich.

Grundausstattung für den Hund

Alle zur Grundausstattung gehörenden Gegenstände sind für das Wohlergehen Ihres Hundes wichtig und sollten sich bereits bei Ihnen befinden, wenn Sie Ihren Hund abholen. Sie sind im Zoofachhandel oder im Spezial-Versand erhältlich.

Die meisten Hunderassen spielen bis ins hohe Alter liebend gern.

Hundespielzeug

Da Hunde mit der Schnauze spielen, sollte das Spielzeug nur aus einem geeigneten, für den Hund ungefährlichen Material bestehen und nicht so klein sein, dass es der Hund verschlucken kann. Spielzeug aus Weichgummi oder -plastik, zerreißbarem Material oder lackiert ist ungeeignet.

Im Zoofachhandel gibt es ein vielfältiges Sortiment an Spielzeug, von der Quietschente über Vollgummibälle, Schleuder- und Futterbälle, Wurfringe, Dummys und Apportierhölzer bis zu Frisbees.

Anzuraten ist auch ein Kauknochen aus Büffelhaut, damit kann der Welpe seine Kaumuskulatur kräftigen und später als Erwachsener seine Zähne reinigen.

Bürste, Kamm und Striegel

Eine Bürste ist für die meisten Rassen unerlässlich, und jeder Hund genießt das richtige Bürsten sehr.

Für glatt- und kurzhaarige Rassen besorgen Sie sich

- eine Kardätsche mit Naturborsten fürs Grobe;
- einen Striegel aus weichem Kunststoff oder Gummi, um die auskardätschten Haare durch elektrostatische Aufladung zu entfernen; hierfür ist auch ein Handschuh mit Gumminoppen geeignet;
- ein Fensterleder für den Glanz zur Beendigung der Prozedur.

Bei langhaarigen Hunden wird es spezieller, hier brauchen Sie

- eine normale Haarbürste mit kräftigem Stiel für den jungen Hund.

Danach benötigen Sie

- einen grobzinkigen Kamm;
- einen feinzinkigen Kamm;
- eine Drahtbürste mit abgerundeten Ecken – um die Haut nicht zu verletzen –, deren Borsten in einem nachgiebigen Gummibett sitzen;
- eine Kardätsche mit kräftigen Naturborsten;
- Entfilzungsmesser, -striegel und -kämme gegen verfilzte Haarstellen, die trotz regelmäßiger Pflege immer wieder entstehen können.

Ich bin ein Gegner von Kunststoffborsten, die mir zu hart und kratzig sind. Ihr Züchter wird Ihnen zeigen, was das Beste für die betreffende Rasse ist.

Bei rauhaarigen Hunden mit starker Unterwolle benötigen Sie

- einen mittel- bis grobzinkigen Kamm;
- einen Entfilzungskamm;
- eine Zupfbürste;
- ein Trimm-Messer.

Hundebekleidung

Ein Hundefell ist eine so wetterunabhängige Bekleidung, dass jede Textilfirma sich für das Produktionsgeheimnis interessieren würde. Deshalb ist Bekleidung jeglicher Art unnötig.

Ausnahmen: Ältere oder haarlose Hunde wie die Nackthunderassen, kleine, zarte Kurzhaarrassen wie Chihuahua oder Zwergpinscher können bei großer Kälte schon mal einen Pullover als Wärmeschutz tragen, vor allem wenn sie sich wenig bewegen, oder eine regendichte Jacke. Bedenken Sie aber: Verzärtelte Hunde sind anfälliger und werden leichter krank.

Regelmäßige Fellpflege verhindert das Verfilzen des Fells.

Intimes: Ein Schutzhöschen für die Zeit der Läufigkeit sieht zwar grotesk aus, vermeidet aber, dass die blutende Hündin die Teppiche Ihrer Wohnung befleckt.

Zwei Schüsseln

Jeder Hund sollte sein eigenes Geschirr haben: Er braucht eine Schüssel für das Wasser, denn frisches Wasser muss immer für ihn bereitstehen, und eine für die Mahlzeiten. Bewährt haben sich:

- ein schwerer Wassernapf aus glasiertem Ton;
- eine emaillierte Futterschüssel aus solidem, kräftigem Metall, die rutschfest auf Gumminoppen steht.

Edelstahlschüsseln sind ebenfalls zu empfehlen.
Wichtig ist vor allem:

- Die Schüsseln sollen schwer sein, damit der Hund beim Fressen nicht damit herumspielen kann.
- Sie sollen rutschfest sein oder auf einer rutschfesten Unterlage stehen, die zusätzlich den Vorteil hat, dass der Boden nicht verkleckert wird.
- Die Schüsseln müssen leicht zu reinigen sein.
- Sie dürfen nicht zu klein sein, da der Hund sonst beim Fressen übermäßig kleckert.

Für Hunde mit Hängeohren gibt es Spezialnäpfe, die sich konisch nach oben verengen, wodurch verhindert wird, dass die Ohren in den Napf hängen.
Praktisch kann auch ein Gestell sein, in dem Wasser- und Futternapf nebeneinander Platz haben. Achten Sie darauf, dass das Gestell mit rutschfesten Füßchen ausgestattet ist. Für große Hunde gibt es diese Gestelle auch höhenverstellbar, das Gestell wächst also mit dem Welpen mit.

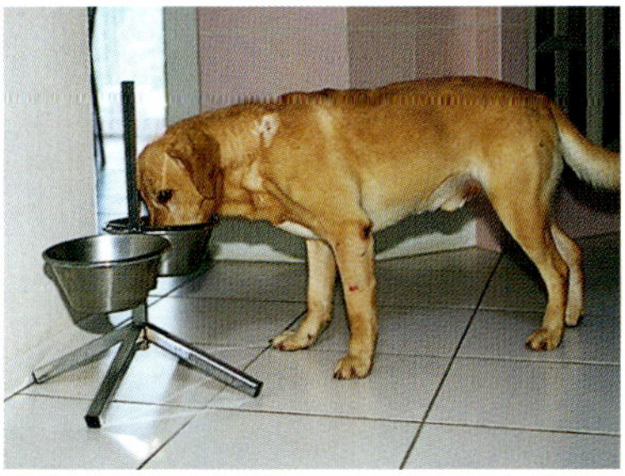

Der beste Standort für die Näpfe ist auf leicht zu reinigendem Boden.

Ein Lager zum Ruhen

Jeder Hund braucht seinen Platz, an den er sich zurückziehen kann und der immer für ihn reserviert bleibt. Das kann eine Matratze sein, ein Korb, eine Kiste oder eine Höhle. Die Unterlage muss vor allem die Kälte vom Boden abhalten.

Was auch immer Sie aussuchen, das Lager sollte so groß sein, dass der meist zusammengerollt schlafende Hund auch ausgestreckt darin oder darauf liegen kann. Messen Sie deshalb einen erwachsenen Hund der von Ihnen gewählten Rasse von der Nasen- bis zur Schwanzspitze. Wenn Sie sich nur an der Größe des Welpen orientieren, müssen Sie nach neun Monaten ein neues Lager kaufen. Weidenkörbe sind bei jungen Hunden im Knabber- und Nagealter wenig empfehlenswert, Höhlen nur für Kleinhunde lieferbar.

Eine pflegeleichte Decke

Sie muss wasch- und desinfizierbar sein, da sich in ihr zum Beispiel Flöhe einnisten könnten. Deshalb ist die alte Wolldecke zwar billig (und tut es für den Anfang auch), aber eine Spezialdecke, die sowohl wärmt als auch trocknet und außerdem weich ist, wäre besser. Ich habe zum Beispiel gute Erfahrungen mit »Dryplace« gemacht. Diese Decke ist nicht billig, doch ihre Eigenschaften sind vorzüglich.

Die Grundausstattung für die wichtigsten Bedürfnisse Ihres Hundes.

II. Kapitel

Der Alltag mit dem Hund

Wohnen mit dem Hund

Jede Rasse stellt andere Ansprüche an ihre Menschen und ihre Umgebung. Diesen Ansprüchen müssen Sie gerecht werden, um Ihren tierischen Freund gesund und fit zu erhalten.

Der Hund in Wohnung und Haus mit Garten

Da Hunde Lebewesen sind, die sich am liebsten einer festen Ordnung unterwerfen und genau wissen wollen, wo sie hingehören, müssen Sie ihnen ihr Leben entsprechend einrichten.
Ein Problem ergibt sich, wenn Ihr Hund ein »Alleinhund« ist. Darunter verstehe ich einen Hund, dessen Menschen berufstätig sind und der deshalb viel allein ist.
Eine Rasse, die dafür besonders geeignet ist, gibt es nicht: Alle Hunde sind von Natur aus gesellig. Wenn Sie aber trotzdem glauben, nicht auf einen Hund verzichten zu können, müssen Sie Folgendes beachten:
Ihr Entschluss, sich einen Hund anzuschaffen, darf nicht einer momentanen Laune entspringen, denn Sie müssen bereit sein, Ihre ganze Freizeit mit dem Hund zu verbringen. Tagsüber kaum da zu sein und am Abend ohne Hund fortzugehen, kann man nicht machen. Das gilt auch am Wochenende.
Sie müssen eine geregelte Arbeitszeit haben, damit der Hund nie länger als acht Stunden hintereinander allein bleiben muss. Außerdem braucht der Hund in der Wohnung einen festen Platz, der ihm ganz allein gehört.
Der Hund muss gut erzogen sein und dadurch ein starkes Selbstvertrauen haben, um die tägliche, für ihn widernatürliche Einsamkeit zu ertragen. Dieses können Sie mit viel Lob, Erfolgserlebnissen und Zuwendung aufbauen.
Versuchen Sie es mit einer Hundehütte in der Wohnung. Das ist ein idealer, fester und vertrauter Platz. Alleinhunde, die ich kenne und mit denen es Probleme gab, legten ihr Fehlverhalten ab und wurden ruhiger mit einer Hütte.

Richtig reagieren auf Fehlverhalten: Hunde, die während der Abwesenheit ihres Menschen die Einrichtung zerstören, unermüdlich bellen oder ihre Stubenreinheit wieder verlieren, dürfen Sie nie schimpfen oder strafen, wenn Sie nach Hause kommen. Denn der Hund freut sich über das Wiedersehen und bezieht Strafe immer auf das Jetzt und nicht auf das, was er vielleicht vor einer Stunde getan hat. Schließen Sie gewisse Räume ab. Geben Sie dem Hund einen Kauknochen als Objekt für die Nagerei aus Langeweile. Lassen Sie gewohnte Musik spielen. Versuchen Sie, die Ursachen für plötzlich neu auftretende Probleme zu erforschen. Allein bleiben ist trainierbar, und Fehlverhalten und Trennungsangst sind in den meisten Fällen therapierbar (siehe auch Verhaltensstörungen des Hundes, Seite 64).

Die Alternative: Zwei Hunde? Da ich gegen einen »Alleinhund« bin, kann ich Ihnen auch nicht zu zwei Hunden, die allein bleiben, raten. Wenn die Tiere gut zusammenpassen und sich wesensmäßig ergänzen, kann es aber gut funktionieren.

Der Hund mit Haus und Garten

Dieser Hund hat es schön, denn er kann vor die Tür, wann er will. Aber auch ein Garten entbindet Sie nicht vom täglichen Spaziergang. Muss man durch Ihren Garten, um zur Haustür zu kommen, dann verschließen Sie das Gartentor oder bringen ein Schild an, »Hier wacht ein Hovawart« oder Ähnliches, auch wenn er noch so klein ist. Es gibt Menschen, die fürchten sich vor allen Hunden.
Der Gartenzaun muss so beschaffen sein, dass ihn Ihr Hund weder überspringen noch darunter durchkriechen kann.
Der Briefkasten wird am Besten vor dem Gartentor angebracht, denn das Verhältnis Briefträger zu Hunden ist meist problematisch.

Der Hund, der draußen lebt

Wer seinen Hund ausschließlich im Freien halten will, muss die richtige Rasse wählen.
Für die Haltung im Freien gelten folgende wichtige Regeln:

- Je dichter der Pelz plus Unterwolle, desto sinnvoller ist die Freilufthaltung.
- Der »Freilufthund« muss von klein auf an dieses Leben gewöhnt und allmählich entsprechend abgehärtet werden.

Müssen Sie Ihren Hund öfters für längere Zeit allein lassen, kann ihm eine vertraute Hütte im Wohnraum helfen, mit dem Alleinsein fertig zu werden.

Mit seinem Lieblingsspielzeug, zum Beispiel einem Spieltau, lässt sich die Zeit allein gut überstehen.

- Kein Familienhund sollte nur im Freien gehalten werden. Er braucht den Familienanschluss und den regelmäßigen Besuch im Haus.

Die Hütte soll so groß sein, dass der Hund gut hineinpasst. Sie muss absolut zugsicher und ausgepolstert sein. Artgerechte Hütten und Zwingeranlagen kauft man im Zoofachhandel.
Der Zwinger ist für Gartenbesitzer angenehm. Er sollte teilweise im Schatten liegen, der Boden so beschaffen sein, dass sich der Hund ein Loch (als natürlichen Lagerplatz) graben kann, und möglichst sauberen Sand enthalten. Vor dem Bau informieren Sie sich im Hundeclub oder in der »Verordnung über das Halten von Hunden im Freien«, was Sie bedenken müssen.

Die Futterecke

Egal, ob Wohnungshund, Hund in Haus mit Garten oder Zwingerhund, die Futter- und Wasserschüsseln, die Sie für den Hund gekauft haben, sollten immer einen festen Platz bekommen. Und dort wird der Hund – möglichst immer zur gleichen Zeit – gefüttert. Am Besten in der Küche, wo man den Boden leicht wischen kann, denn Hunde kleckern bei den Mahlzeiten. Stellen Sie die Schüsseln an einen ungestörten Platz, auf keinen Fall an einen Durchgang. Ein fressender Hund wird nicht gern gestört.
Regelmäßige Störungen können

- den Hund veranlassen, besonders schnell zu schlingen;
- das genaue Gegenteil bewirken – der Hund wird ein schlechter Fresser;

Hund und Wohnung

Faustregeln für den Hund in der Wohnung

Natürlich gibt es die unterschiedlichsten Wohnmöglichkeiten, vom beschränkten Raum bis zum großzügigsten Penthouse, von der Parterrewohnung bis zum zwanzigsten Stock in einem Hochhaus. Sie alle bieten dem Hund unterschiedlichste Lebensqualität. Die folgenden Faustregeln erleichtern ein Zusammenwohnen mit dem Hund in einer Wohnung:

✔ Je größer die Stadt und das Haus (Hochhaus) sind, wo Sie wohnen, desto kleiner sollte der Hund sein.

✔ Je zahlreicher die Treppenstufen, desto »normalbeiniger« sollte der Hund sein. Im Zoofachhandel gibt es für kurzbeinige Rassen, wie Dackel oder English Bulldog, spezielle Tragetaschen, mit denen Sie Ihren Hund mit einer Hand die Treppen hinauf- und hinuntertragen können.

✔ Je knapper Ihre Freizeit bemessen ist, desto pflegeleichter muss der Hund sein.

✔ Je geringer die Möglichkeit zum Auslauf in Ihrer Umgebung, desto weniger lauffreudig die Rasse.

✔ Je mehr Mietparteien im Haus wohnen, desto weniger bellfreudig darf die Rasse sein.

- den Hund glauben machen, man wolle ihm sein Fressen wegnehmen.

Auch das tatsächliche regelmäßige Wegnehmen der vollen Futterschüssel, wie es fälschlicherweise immer wieder von manchen Erziehern propagiert wird, führt dazu, dass der Hund sie verteidigt. In der Folge darf niemand mehr die Küche betreten, wenn Fifi frisst. Dieses Fehlverhalten ist nur mit gewissem Aufwand zu korrigieren.

Die Wasserschüssel kann bei der Futterschüssel stehen, sie darf aber auch einen anderen Platz haben. Zum Beispiel im Gang oder (eventuell eine zweite) beim Schlafplatz. Sie sollte immer frisches Wasser enthalten. Ich bin kein Anhänger der Meinung, dass Sie dem Hund nur Wasser geben sollten, wenn er Durst hat, weil er sonst durch zu viel Trinken schlaffe Muskeln bekommt. Trinkt Ihr Hund wirklich sehr viel, kann das folgende Gründe haben:

- Er braucht viel Flüssigkeit, weil er Trockenfutter bekommt.
- Er ist krank; dann muss er zum Tierarzt, um die Ursache abklären zu lassen.
- Er trinkt aus Langeweile. In diesem Fall müssen Sie sein Trinkverhalten kontrollieren und sich mehr mit ihm beschäftigen.

Der Schlafplatz

Die Schlaf- und Ruhestelle für den Tag muss ebenfalls in einer ruhigen und vor Zugluft geschützten Ecke liegen. In einer Wohnung möglichst nicht im Gang oder an der Tür, damit Ihr Hund sich nicht zum Wächter des ganzen Hauses auserkoren fühlt. An diesem Platz hält sich der Hund tagsüber auf.

Im Sommer lieben es Hunde, vor der Tür oder auf dem Balkon zu liegen, von wo aus sie die Umgebung beobachten.

Nachts schläft der Hund am liebsten im Schlafzimmer oder davor. Denn er möchte, bedingt durch seine Wolfsvergangenheit, immer in der Nähe seines Rudels sein und würde sich sonst ausgestoßen fühlen. Zwei oder mehr Hunde, die für sich ein Rudel bilden, können deshalb auch woanders gemeinsam

schlafen. Einen von mehreren Hunden mit ins Schlafzimmer zu nehmen, kann ein großer Fehler sein: Er fühlt sich so bevorzugt, dass die natürliche Rangordnung durcheinander gerät, es sei denn, Sie nehmen den »Hunderudelführer« ins Zimmer.
Unbedingt erforderlich ist für einen »Alleinhund«, also einen Hund, dessen Besitzer berufstätig und der tagsüber allein ist, dass er nachts mit seinem Menschen zusammen ist. Sein Schlafplatz gehört ins Schlafzimmer oder direkt davor. Der Hund schließt sich am stärksten dem Menschen an, bei dem er schläft, denn die Nacht ist die längste Zeitspanne, in der ein Hund direkte Nähe zu seinem Menschen hat.
Der Hund im Bett ist Ansichtssache. Doch bei solch engem Mensch-Hund-Kontakt sollte aus hygienischen Gründen darauf geachtet werden, dass der Hund regelmäßig geimpft, entfloht und entwurmt wird.

Fluffy und das Bett der Großmutter

Fluffy ist ein Beagle, der bei seinem Frauchen im Bett schlafen darf. Als seine Familie verreiste, übernahm die Großmutter das Haus und die Betreuung von Fluffy. Er durfte zwar im Gästezimmer schlafen, aber nicht im Bett. Trotz Winseln und Betteln blieb die Großmutter standhaft und warf ihn sogar aus dem Bett, als er auf ihre Füße sprang. Fluffy wusste sich zu helfen. In der zweiten Nacht kratzte er an der Tür, er musste offensichtlich hinunter. Die Großmutter stand auf und zog sich einen Bademantel über. Als sie zur Tür ging, lief Fluffy an ihr vorbei und sprang in das leere Bett, kuschelte sich an die Wand und war nicht mehr herauszubekommen. Seitdem teilt er das Bett mit seiner Hundesitterin.

Die Spaziergänge

Jeder Hund liebt, ja verehrt seine Leine. Sie ist der Schlüssel für die Welt draußen, ein Symbol der Freiheit, obwohl er an ihr festgemacht wird. Die Leine bedeutet Spaziergänge, Abenteuer, Begegnungen mit anderen Hunden, Spuren, Gerüche und die Verwirklichung der Hundenatur, ein Lauftier zu sein. Das ist sehr menschlich ausgedrückt, aber »hundlich« gefühlt – wenn die Spaziergänge so sind, wie sie sein sollen. Einen Hund kann man nicht wie eine Katze nur in der Wohnung halten.

Regeln fürs Gassigehen

Etwa viermal am Tag müssen wir den Hund nach draußen führen, damit er sich ausreichend lösen kann und damit die zehn bis zwölf Stunden Nachtruhe ausgeglichen werden. Wer das nicht tut, bekommt in wenigen Jahren einen kranken Hund.
Das Urinieren: Jeder Rüde – und manchmal auch ranghohe Hündinnen – geben ihren Urin in gezielten Portionen ab, die sie über den großen Spazierweg da verteilen, wo sich vorher ein anderer Hund gelöst hat. Das nennen die Verhaltensforscher markieren; und reichlich markieren zu können, ist für das Selbstbewusstsein eines Hundes wichtig.

Spaziergang wo?

Auf dem Land ist es kein Problem: Man fährt ins Grüne oder in den Wald und lässt den Hund an langer Leine laufen. Um ihn frei laufen zu lassen, muss man die örtlichen Gegebenheiten und seinen Hund kennen, etwa ob es schießwütige Jäger gibt, ob der Hund wildert oder auf der Spur hetzt oder ob das Gebiet ein tollwutgefährdeter Bezirk ist. Hier muss der Hund an der Leine geführt werden.
In der Stadt ist es schwieriger. Der Hund hat zwar mehr zu schnüffeln (größere Hundedichte), aber er ist den Abgasen ausgesetzt, wird vom Verkehrslärm behelligt und kann nicht von der Leine gelassen werden, was ich übrigens nicht so tragisch finde. In der Stadt fahren

Für das Selbstbewusstsein eines Rüden ist es wichtig, während eines Spaziergangs häufig zu markieren.

oder gehen wir in Parks oder Anlagen oder zu den Plätzen, an denen sich die Hundebesitzer treffen. Sie bieten gute Gelegenheit, dass Ihr Hund mit anderen Hunden Kontakt bekommt und soziales Verhalten lernt (siehe Seite 81).

Der eigene Garten, und mag er noch so groß sein, ersetzt keinen Spaziergang. Selbst wenn der Hund im Garten herumrennt, so fehlen ihm doch die neuen Eindrücke, die er sich bei jedem Spaziergang holt und die er braucht, um ein geistig lebendiger Hund zu sein. Ein Garten ist praktisch, um den Hund zum ersten Lösen morgens und abends zum letzten hinaus zu lassen. Der Hund kann in ihm spielen, aber eben nicht markieren – doch das ist für das Selbstbewusstsein des Rüden sehr wichtig. Außerdem scheuen sich die meisten Hunde davor, im hauseigenen Revier Kot abzusetzen.

Der Balkon – nur in Ausnahmefällen: Es gibt Hundehalter, deren Hunde sich auf dem Balkon auf Papier lösen dürfen. Das geht nur mit einem Kleinhund und nur, wenn man bei Krankheit nicht auf die Straße kann. Sonst darf man sich keinen Hund halten; der »Balkonlöser« wird seelisch verkümmern.

Spaziergang wie?

Der Gang bis zur nächsten Ecke oder einmal um den Block gilt nicht als Spaziergang. Der Hund ist ein Lauftier, und das braucht Bewegung: Viermal eine halbe Stunde ist das Mindeste. Schön ist es, wenn man jeden Tag einmal eine Stunde marschiert – das tut auch Ihrer Gesundheit gut – und am Wochenende noch länger. Natürlich sind Dauer und Art der Spaziergänge von der jeweiligen Rasse abhängig.

Plädoyer für die Leine

Wer mit seinem Hund unter vielen Menschen spazieren geht, sollte ihn schon aus Rücksichtnahme an der Leine führen. Viele Menschen schätzen es nicht, wenn ein fremder Hund auf sie zuläuft, sie beschnuppert oder gar durch Anspringen begrüßt. Dabei spielt es fast keine Rolle, ob der Hund klein oder groß ist. Wer Angst vor Hunden hat, dem ist die Rasse gleichgültig. Und eine Rasse mit schlechtem Image, wie Schäferhund, Dobermann oder Dogge, löst Angstreaktionen aus, die zu Fehlverhalten des Menschen führen, was wiederum vom Hund missverstanden wird.

Der wohlerzogene Spaziergänger

Eigentlich kann man von einem Hundebesitzer verlangen, dass sein Hund wirklich gehorcht und er selbst Rücksicht nimmt. Nur so baut man die ständig zunehmende Voreingenommenheit gegenüber Hunden ab. Alle Rassen,

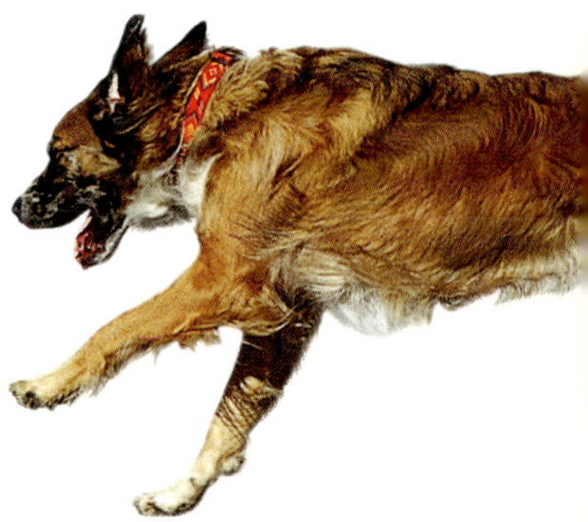

Ein Spaziergang wird für den Hund noch interessanter, wenn Sie ihm Zeit für Entdeckungen lassen.

vom Dackel bis zum Irish Wolfhound, sind zu einer Prüfung zugelassen, die man bei Hundesportvereinen ablegen kann (Adressen, siehe Seite 155) und deren Bestehen mit dem Titel »verkehrssicherer Begleithund« ausgezeichnet wird.

Der hundegerechte Spaziergänger geht mit und für seinen Hund spazieren. Das heißt, er legt keine von ihm vorgegebenen Strecken zurück, sondern lässt seinem Hund die Freiheit zu schnüffeln und zu riechen, wo und wie lange er will. Er lässt ihn mit anderen Hunden Kontakt aufnehmen, wobei beim Treff mit fremden Artgenossen die Leine eher hinderlich ist und dem Hund durch die direkte Verbindung mit seinem Rudelführer ein übersteigertes Selbstbewusstsein gibt.

Autorität bewahren: Allerdings dürfen Sie ihm nicht alles nachsehen und sich von Baum zu Busch zerren lassen, denn der Satz »Der Klügere gibt nach« gilt bei Hunden nicht. Bei allen Freiheiten nach dem Motto »Es ist der Spaziergang des Hundes« müssen Sie Ihre Autorität bewahren. Dabei hilft Ihnen die Leine, gleichsam als Ihr verlängerter Arm. Wobei der korrigierende Ruck, ohne begleitende Worte bitte, keineswegs zimperlich, sondern einmal kräftig sein soll. Nur das merkt sich der Hund. Danach wird die Leine sofort wieder locker gelassen.

Wenn sich der Hund in Dreck wälzt, ist der Spaziergang, je nach Intensität des Geruchs, vorbei. Gehen Sie nach Hause und waschen Sie Ihren Hund. Bestrafen Sie ihn nicht dafür, außer mit einem kräftigen »Pfui«, denn selbst der gepflegteste Pudel kann in einen »Duftrausch« verfallen, wenn er verrottende Kadaver, vergammelte Zitronenschalen oder menschlichen Kot riecht. Er möchte sich damit »parfümieren«.

Regeln für kalte Tage

Die kalte Jahreszeit wirft spezielle Fragen auf und verlangt besondere Pflegemaßnahmen.

- Wann das Fell zuletzt scheren oder trimmen lassen? Im Oktober etwa, und dann nicht zu kurz. Im Winter sollte man Hunde auch nicht baden.
- Bei Kälte den Hund nur wenig herauslassen? Trockene Kälte ist nicht so unangenehm wie nasskaltes Wetter. Hunde, die sich viel bewegen, sind unempfindlicher als langsame Hunde. Langhaarige Hunde sind kälteunempfindlicher als kurzhaarige.
- Ein Mantel im Winter? Bei feuchter Kälte darf man älteren, glatthaarigen Hunden aus warmen Wohnungen ein Mäntelchen anziehen, um sie vor Erkältung und Rheuma zu schützen (siehe Seite 24).
- Vorbeugen gegen Erkältung? Nach einem Spaziergang bei nasskaltem Wetter den Hund trocken frottieren und föhnen (wenn er es sich gefallen lässt). Hunde können sich wie wir erkälten oder eine Blasenentzündung holen.
- Hund und Langlauf? Nur entsprechend (im Sommer neben dem Fahrrad) trainierte Rassen mit hohen Beinen mit auf die Loipe nehmen. Bitte Rücksicht auf andere Langläufer nehmen!
- Pfotenpflege: Vor Schneespaziergängen die Pfoten einölen oder -cremen, nach dem

Spaziergang in warmem Wasser oder einer Kamillenlösung baden. Das hilft auch gegen Streusalz.

- Schnee fressen: Hunde tun es gern, gesund ist es nicht. Es führt zu Durchfall, in größeren Mengen kann Schnee auf nüchternen Magen zu einer Magenschleimhautentzündung (Schnee-Gastritis) mit Krämpfen und Erbrechen führen. Dann muss der Hund zum Tierarzt.

Regeln für warme Tage

- Frisches Wasser sollte eigentlich das ganze Jahr über eine Selbstverständlichkeit sein. Doch im Sommer müssen Sie die Wasserschüssel ständig kontrollieren und das Wasser öfter erneuern.
- Fressen: Seien Sie nicht besorgt, wenn der Hund weniger frisst als sonst. Wir haben bei Hitze doch auch weniger Appetit.
- Schattenplatz: Sorgen Sie dafür, dass der Hund im Garten auch einen Schattenplatz hat. Die meisten Hunde liegen gern in der Sonne, wechseln aber immer wieder in den kühleren Schatten.
- Spaziergänge: Verlegen Sie die Hauptspaziergänge auf den frühen Morgen und späten Nachmittag/Abend. Ein Spaziergang bei praller Sonne bekommt weder dem Hund noch Ihnen.
- Auto: Achten Sie darauf, dass Sie im Schatten parken und dass Frischluft in den Wagen kommen kann (siehe Seite 23), wenn Sie den Hund im Auto lassen müssen. Die Temperatur in einem Auto kann sich sehr schnell ins Unerträgliche steigern. Dann kann der Hund einen Hitzschlag erleiden.
- Baden: Die meisten Hunde baden gern in Bächen oder Seen. Trocknen Sie Ihren Hund danach so ab, dass er mit seinem Schütteln nicht andere Badegäste bespritzt.

Hunde und Kinder

Obwohl viele Hunde von Natur aus kinderfreundlich sind und behutsam mit kleinen Kindern umgehen, ist nicht jeder Hund für das Zusammenleben mit einem Kind geeignet. Auch hier kommt es mehr auf das Individuum und dessen Veranlagung als auf die Rasse an.

Hunde mit dichtem Fell, wie der Cairn Terrier, sollten an sonnigen, heißen Tagen die Möglichkeit haben, sich auf ein schattiges Plätzchen zurückziehen zu können.

Wenn Hund und Kind gemeinsam aufwachsen, gehören sie zusammen wie Wurfgeschwister.

Dazu zwei Beispiele:
Beispiel 1: Ein Deutscher Schäferhund hat einen starken Schutztrieb, ist freudig bereit, zu lernen und sich einem Herrn unterzuordnen. Das sind gute Voraussetzungen für einen Kinderhund. Es gibt aber unter den Deutschen Schäferhunden harte Charaktere, die einen ebenso harten Herrn brauchen. Wird ein solcher Hund in eine Familie mit Kindern und dazu noch in eine enge Großstadtwohnung geholt, kann er meiner Meinung nach eine echte Gefahr für ein Kind werden.
Beispiel 2: Ein Chow-Chow, der unter Umständen bis zur Sturheit eigenwillig, wenig kontaktfreudig und sehr ruhig ist, zeichnet sich von der Rasseveranlagung her zunächst nicht als Kinderhund aus. Dabei kann aber, wenn Chow-Chow und Kind zusammen aufwachsen, eine so dicke und unverbrüchliche Freundschaft zwischen den beiden entstehen, wie sie kaum mit einer anderen Rasse zu Stande kommt. Denn Chow-Chows binden sich vornehmlich an eine Person und sind ihr für immer treu.
Die Wohnverhältnisse spielen eine wesentliche Rolle bei der Wahl eines Kinderhundes. Der richtige Hund im Haus mit Garten kann der falsche Hund in der Etagenwohnung sein. Der richtige Hund für robuste Kinder kann der falsche für sensible sein. Das Beste ist, wenn Kind und Hund gemeinsam aufwachsen, dann gehören sie zusammen wie Geschwister aus einem Wurf.

Ein Kinderhund sollte eine hohe Toleranzgrenze haben.

Eigenschaften, die ein Kinderhund haben sollte

- Er darf nicht nervös oder ängstlich sein.
- Er muss sehr gutmütig sein.
- Er darf nicht lärmempfindlich sein.
- Er muss verspielt und ausdauernd im Spiel sein.
- Er muss einen Schubs vertragen können, ohne sich gleich zu wehren (der Fachmann nennt das »hohe Reizschwelle«).

Die meisten dieser Eigenschaften sind bei Hunden großer Rassen vorhanden. Große Hunde sind meist gutmütig, selten Angstbeißer, von Natur aus ruhig und fast nie nervös, sie sind gute Beschützer und kennen ihre Kraft.
Das bedeutet übrigens nicht, dass Sie Ihr Kind sorglos auf jeden fremden großen Hund zulaufen lassen sollten. Es gibt beispielsweise eine Menge Bernhardiner, die keine Kinder mögen. Und wenn Ihr Kind keinen Hund gewohnt ist, kann es erschrecken und damit wieder eine Angst- oder Angriffsreaktion des Hundes auslösen. Große Hunde haben den Nachteil, dass sie meist viel Platz und einen Garten brauchen, dass sie nicht in Großstädte passen und dass sie so kräftig sind, dass ein Kind sie in bestimmten Situationen nicht halten kann.

Der pädagogische Faktor Hund

Psychologen, Pädagogen, Kinderärzte und Psychagogen (Fachleute, die seelisch Kranke anleiten und ihnen helfen) sind sich über den pädagogischen Wert des Hundes einig und tragen immer mehr Erkenntnisse darüber zusammen, wie wichtig ein Hund für die Entwicklung von Kindern ist.

Kind und Hund – das ist gegenseitige pädagogische Praxis: Beide lernen voneinander, und das spielerisch, mit großem gefühlsmäßigem Einsatz. Ein Hund ist Erziehungshelfer für Verantwortungsgefühl und Pflichtbewusstsein, für Rücksichtnahme und Fürsorglichkeit, Ordnungsliebe und Pünktlichkeit.
Und er ist noch mehr: Er ist Lehrmeister für soziales Verhalten. Das klingt auf den ersten Blick sehr hoch gegriffen, doch es stimmt. Der ehemalige Direktor des Psychologischen Instituts der Universität Bonn, Professor Dr. Reinhold Bergler, verordnet bei Erziehungs- und Therapieproblemen bei Kindern die »Medizin Hund«. Wissenschaftlich liest sich das so: »Der Hund ist Erziehungshilfe für verantwortungsbewusstes Handeln, für den Erwerb sozialer Kompetenz und Fertigkeiten, für das Erleben von zentralen Ereignissen menschlicher Existenz: Geborgenheit, Zuneigung, Sexualität, Geburt und Tod« (siehe Seite 155). Und Professor Dr. med. W. Piotrowski, ehemals Direktor der Neurochirurgischen Klinik am Klinikum Mannheim, sagt: »Der Hund hat durchaus die Funktion, Charakter und Einstellung von Kindern zu formen.«

In der Realität sieht das so aus: Ein Kind wünscht sich einen Hund, ein Lebewesen von erstaunlicher Kommunikationsfähigkeit und dem natürlichen Bedürfnis zu treuer Gefolgschaft. Doch von diesen Eigenschaften weiß das Kind noch nichts. Es sieht im Hund ein Ziel seines Zärtlichkeitsbedürfnisses, ein lebendiges Spielzeug, eine Bezugsperson, die immer da ist. Die Eltern holen einen Hund in die Familie als Beschützer für das Kind, als Spielkameraden, als Vertreiber von Langeweile oder als Partner für das Einzelkind. Sie haben beim Aufbau der Kind-Hund-Beziehung die Schlüsselrolle, die entscheidend für das Funktionieren dieser Beziehung ist, die das Leben des Kindes bis zum Erwachsenwerden wesentlich beeinflusst.

Die Freundschaft mit einem Hund baut Kommunikationsschwierigkeiten mit anderen Kindern ab, die gerade bei Einzelkindern oder stark introvertierten Kindern bestehen können. Mit einem Hund an der Leine ist das Selbstwertgefühl höher, und man bekommt Kontakt, ohne sich darum bemühen zu müssen. Kinder, die mit ihren Hunden reden können, werden vor anderen Kindern (oder auch

Wie der kleine Pitt gehen lernte

Pitt war spastisch gelähmt und weigerte sich beharrlich, seine Beine zu gebrauchen, weil er häufig hinfiel und sich dabei verletzte. Als sein Vater ihm einen jungen Hund kaufte, vergaß er Angst und Vorsicht und folgte dem Hündchen von einem Raum zum anderen: stolpernd, fallend, kriechend und manchmal auch aufrecht gehend. Schon das war fast wunderbar. Pitt bekam aber auch Selbstvertrauen, er verlangte von seinen Eltern nicht mehr dauernd Liebesbeweise, weil er so stolz war, sich um den kleinen Hund kümmern zu müssen. Außerdem konnte er sich auch besser mit seinen Geschwistern unterhalten, denn sie hatten ein Gesprächsthema, das für alle gleich interessant war: unser Hund. Ein Kind und ein Hund sind zwei. Das macht stark und unabhängig. Ob man nun gesund oder krank ist.

Erwachsenen) nicht stumm bleiben. Fehlende Geschwister können durch einen Hund fast ersetzt werden, fehlende Spielkameraden sicher. Außerdem findet man sie auch leichter durch einen Hund.

Der Hund als Therapie für behinderte Kinder

Was für nicht behinderte Kinder von großem Nutzen ist, kann für behinderte Kinder notwendige Therapie sein. Berichte über solche Erfahrungen aus England und den USA sind sehr positiv. Bei geistig Behinderten kommt es über den körperlichen Kontakt zu einem geistig-seelischen Kontakt. Daraus kann sich eine Anteilnahme an der Umgebung entwickeln, die man nicht für möglich gehalten hätte. Körperlich behinderten Kindern gibt der Hund ein größeres Selbstvertrauen, und er baut seelische Belastungen ab. Der Hund ist ein Spielkamerad, der sich an einer Behinderung nicht stört. Er ist immer fröhlich und vermittelt Lebensfreude. Und er schafft zu anderen Kindern Kontakte, die ohne Hund häufig schwieriger wären.

Der Hund in der Großstadt

Diejenigen Hundegegner, die Hunde in Großstädten am liebsten verbieten würden, haben zwei Argumente:

- Den armen Hunden ist eine Haltung in der Großstadt nicht zuzumuten.
- Hunde und ihre Hinterlassenschaften sind eine ernste gesundheitliche Bedrohung.

Beide Argumente sind nicht stichhaltig und meist übertrieben.

Die Hunde, die in Großstädten leben, sind nach Befragungen von Tierärzten nicht kränker als die Hunde in Kleinstädten oder auf dem Land. Gewiss, die Großstadt mit den Spaziergangsbeschränkungen ist kein Hundeparadies, aber auch kein Menschenparadies. Im Lauf seiner Geschichte hat sich der Hund als ein ungemein anpassungsfähiges Lebewesen erwiesen, er hat sich auch an das Leben in der Großstadt gewöhnt. Zumal er dort bei Menschen lebt, die echte Hundeliebhaber sind.

Die Sache mit dem Hundedreck: Manche behaupten, der Hundedreck mache das Leben in der Großstadt unerträglich. Nicht die Blechla-

Hunde jeder Rasse und Mischlinge fühlen sich auch in der Stadt wohl, wenn man ihrem Bedürfnis nach Auslauf und Kontakt mit anderen Hunden genügend Rechnung trägt.

wine von Autos, nicht die Wolken von Abgasen, nicht die Massen von Plastik- und Papierabfällen, nein, die Hundehäufchen und der Urin sind der Störfaktor Nummer eins.
Doch wo sollen die Hunde ihre Geschäfte verrichten? Die Rinnsteine sind zugeparkt. Dabei ist der Rinnstein von seiner eigentlichen Bedeutung her nicht für Autos, sondern für Abfälle und Schmutz vorgesehen. Die öffentlichen Anlagen werden zu Liegewiesen umfunktioniert: Es ist wirklich schwierig, für den Hund einen Platz zu finden, an dem er sich diskret lösen kann. Am Besten sind schon Gras und Erdboden geeignet, da dort der Hundekot relativ schnell verwittert. Damit ist aber nicht der Sand von Kinderspielplätzen gemeint. Abgesehen davon, dass man damit die Argumente der Hundegegner untermauert, ist es hygienisch unverantwortlich.
Dem ratlosen Hundebesitzer steht der hundlose Mensch gegenüber, der häufiger in Hundehaufen tritt. Und doch müssen beide mit- und nebeneinander leben. Ein Hund kann der einzige Gefährte eines Menschen sein, er kann eine Beziehung zur Natur herstellen, die der Großstadtmensch braucht. Denken wir an die Kinder, die sonst keine Verbindung zur Natur mehr hätten, an die Menschen, die mit einem Hund leben wollen, weil sie Hunde mögen, weil sie Ansprache und Zuneigung brauchen, weil sie am Wochenende große Wanderungen und täglich einen Spaziergang machen wollen. Die Summe dieser Bedürfnisse ist wichtiger als viele Häufchen Hundedreck. Deshalb sollten Sie sich, wenn Sie einen Hund um sich haben möchten, nicht irre machen lassen.

Der Hund, die beste Medizin

Unser treuestes Heimtier ist auch eine Art Medizin. Die Haltung eines Hundes dient der Erhaltung der körperlichen wie seelischen Gesundheit:
Zahlreiche Ärzte empfehlen einen Hund als Dauertherapie gegen Bewegungsmangel und die daraus resultierenden Krankheiten. Gehen

Im Straßenverkehr sollte der Hund immer an der Leine gehen, um sich und andere nicht zu gefährden.

trägt dazu bei, die Lebenserwartung zu erhöhen. Jeder Hundebesitzer muss regelmäßig spazieren gehen.
Einig sind sich Mediziner und Psychologen auch darüber, dass ein Hund das beste Heilmittel gegen den Stress im täglichen Berufsleben ist. Hunde sind wichtige Kontaktspender für stressgeplagte, noch nicht kranke Menschen, die sich in schwierigen Situationen befinden. Der Kontakt mit dem Hund baut negative Affektzustände ab. Angstzustände werden durch Streicheln des Hundes gedämpft, und durch den körperlichen Kontakt tritt nachweislich eine Senkung des Blutdrucks auf.
Noch wichtiger wird seine Bedeutung für den Menschen nach dem Ausscheiden aus dem Berufsleben: Ein Hund vermittelt dem Ruheständler nicht nur das Gefühl, noch gebraucht zu werden, er fordert den Menschen täglich

Hunde fördern die zwischenmenschlichen Kontakte und tragen dazu bei, dass wir uns regelmäßiger bewegen.

und hält und verschafft ihm weiterhin Kontakte. Das ist in unserer Zeit der Isolation und Frühpensionierungen besonders wichtig.

Der Hund als Heiler

Diese regelmäßigen Spaziergänge können auch in der Rehabilitation nach langer, schwerer Krankheit eingesetzt werden. Die amerikanische Professorin Erika Friedmann hat Patienten nach einem Infarkt befragt und beobachtet und dabei eindeutig festgestellt, dass Heimtierbesitzer eine viermal höhere Überlebenschance haben als Patienten ohne Heimtiere. Sie kam zu folgender Erkenntnis: Nicht nur die körperliche Aktivität durch einen Hund wirkt lebensverlängernd, auch als Gesellschafter und Objekt der Fürsorge hat der Hund eine direkte physiologische Wirkung.

Der Hund am Krankenbett: Lebensbejahung durch ständigen Kontakt mit dem eigenen Hund ist die positive Erfahrung, die in Alterskliniken in den USA und in Australien gemacht wurde, als das übliche Hundehaltungsverbot aufgehoben wurde. Bei uns setzte sich Professor Wolfgang Piotrowski, ehemals Direktor der Neurochirurgischen Klinik in Mannheim, für diese Therapie ein. Er versprach sich vom Zusammenleben von Hund und Patient eine beruhigende Wirkung, vor allem in Ein-

richtungen der Strahlentherapie oder in Nachsorgekliniken für Krebskranke.
Auch zum seelischen Wohlbefinden kann ein Hund beitragen, indem er die Lebensqualität eines Menschen deutlich verbessert:
Er vermag aus psychologischer Sicht zentrale Bedürfnisse zu erfüllen, zum Beispiel das Vermeiden von Einsamkeit und Langeweile, das Herstellen von sozialen Kontakten oder das Erleben von Dankbarkeit und Verständnis. Er verhilft seinem Hundebesitzer zu einem posi-

Für ältere Menschen ganz wichtig: Der Hund vermittelt das Gefühl, gebraucht zu werden, und verhilft dadurch zu seelischer Gesundheit.

Ob Welpe (links) oder erwachsener Hund (oben), gerade Einzelkindern können Hunde die fehlenden Geschwister ersetzen.

tiven Selbstwertgefühl, zu Selbstbejahung und Selbstvertrauen.
Nach Ansicht der meisten Psychotherapeuten ist der Hund ein idealer Gefährte für Menschen, die an speziellen Gemütsstörungen leiden. Dr. Marcel Heimann vom Mount Sinai Hospital in New York begründet das so: »Für den Gemütskranken ist der Hund oft der Anker, der ihn vor dem wirklichen Versinken in die Krankheit bewahrt. Bei der Sorge für seinen Hund lernt der Ichbezogene, eigene Wünsche hinter der Betreuung anderer Lebewesen zurückzustellen. Zudem bietet der Hund auch ein Ventil für überströmende Liebesgefühle bei Menschen, die aus irgendeinem Grund einer solchen Liebe gegenüber Menschen nicht mehr fähig sind.«

Der Hund als Lebensverlängerer

Für ältere Menschen gibt es kaum ein besseres Rezept, gesund und ausgeglichen zu bleiben, als mit einem Hund zusammenzuleben. Denn für einsame, alte Menschen ist der Hund Ansprechpartner und dadurch oft die letzte hauchdünne Wand, die sie von der Resignation, der Selbstaufgabe trennt. Ein Hund leistet nicht nur Gesellschaft, sondern benötigt regelmäßige Pflege und fordert seinen Halter, da er zum Beispiel täglich ausgeführt werden muss und dadurch Bewegung verschafft.

Urlaub mit dem Hund

Die »schönste Zeit des Jahres« wollen die meisten Hundebesitzer nicht mehr ohne Hund verbringen. Die beliebtesten Reiseländer für den Urlaub mit Hund sind Deutschland, Österreich, Frankreich und Italien. Weil das Fliegen mit dem Hund auf größere Schwierigkeiten stößt, fahren die meisten Hundebesitzer mit dem Auto in die Ferien. Wichtig bei der Auswahl des Ferienortes ist ein Tierarzt am Ort.
Sofern Sie nicht eine wirklich gute Unterbringungsmöglichkeit für Ihren Hund haben oder Verwandte und Freunde, die auf Zeit in Ihre Wohnung ziehen, ist es dem Hund nicht zuzumuten, allein gelassen zu werden. Er versteht einfach nicht, dass Sie mal so für zwei Wochen fort sind, die für ihn eine Ewigkeit sein können. Wobei ich allerdings abrate, den Hund in die Tropen oder auf besonders strapaziöse Abenteuerurlaube mitzunehmen. Müssen Sie Ihren Hund aus unabdingbaren Gründen, und ich weiß, dass Sie da nicht leichtfertig handeln, in eine Hundepension geben, erkundigen Sie sich bei Bekannten mit einschlägiger Erfahrung, denn gute Hundepensionen sind selten. Informieren Sie sich auch beim »Bundesverband der Hundeschulen und -pensionen« (Adressen, siehe Seite 155).

Vor der Reise zu erledigen

Bei allen grenzüberschreitenden Reisen benötigen Sie den internationalen Impfpass (siehe Seite 60). Da die Einreisebestimmungen der verschiedenen Länder häufig wechseln, erkundigen Sie sich vorher beim zuständigen Konsulat. Die meist geforderten Impfungen (siehe Seite 60) haben Sie als verantwortungsvoller Hundehalter sowieso vornehmen lassen. Für bestimmte Reiseländer brauchen Sie auch noch eine amtstierärztliche Bescheinigung. England, Norwegen und Schweden waren für den Urlaub mit dem Hund lange tabu, sind es aber nach Erfüllung bestimmter Kriterien (amtstierärztliches Gesundheitszeugnis, Impfungen, Mikrochipmarkierung des Hundes, Bluttest, Parasitenbehandlung und Besitzererklärung) nicht mehr.
Da sich immer wieder Änderungen ergeben können, erkundigen Sie sich bitte bei den jeweiligen Botschaften bei der Urlaubsplanung.
Wohnen Sie mit Ihrem Hund in einem Hotel, Gasthaus oder auf einem Campingplatz, fragen Sie vorher, ob Hunde erwünscht sind, und lassen Sie sich die Buchung mit Hund schriftlich bestätigen.

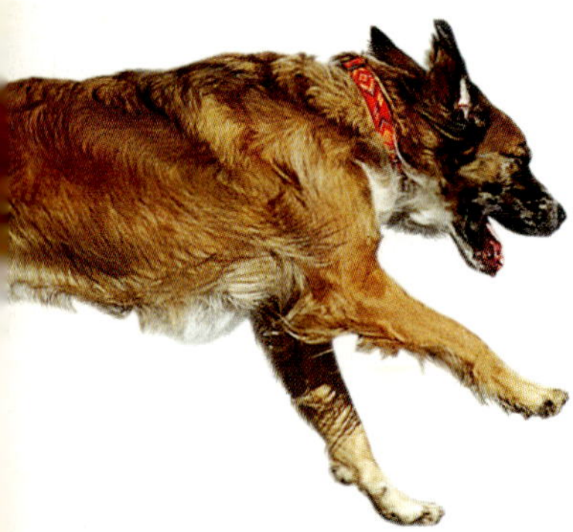

Bevor Sie mit Ihrem Hund per Bahn verreisen, machen Sie ihn mit der ungewohnten Umgebung vertraut.

Das Gepäck für den Hund

Auch für den Hund müssen Sie packen. In sein Gepäck gehören:

- seine Wasser- und Fressschüssel, die er gewohnt ist;
- seine Decke und ein bis zwei Handtücher für ihn allein;
- eine Flasche Wasser für unterwegs;
- eine Tierapotheke mit Mitteln gegen Reisekrankheit und Durchfall. Auch Wundpuder, Augentropfen und Flohbekämpfungsmittel gehören dazu;
- ein Adressenanhänger mit der Urlaubs- und Heimatadresse für sein Halsband.

Der Hund in Bahn und Flugzeug

Vor Bahnfahrten erkundigen Sie sich nach den Mitnahmemöglichkeiten, denn die sind für kleine und große Hunde verschieden. In den Schlafwagen können Sie den Hund ohne weiteres mitnehmen, wenn Sie ein Abteil für sich oder Ihre Familie haben. Für den Hund zahlt man keine Bettkarte, aber den halben Fahrpreis. **Im Flugzeug** kann der Hund mit in den Passagierraum, wenn er weniger als fünf Kilogramm wiegt und sonst kein Hund mitfliegt. Innerhalb der Bundesrepublik fliegt der kleine Hund als »Handgepäck« kostenlos. Größere Hunde ab fünf Kilogramm werden im Frachtraum in einer Hundereisehütte befördert, die die Fluggesellschaften vermieten. Ob Sie Ihrem Hund diese Reiseart zumuten wollen, ist eine persönliche Entscheidung. Sie sollten ihn jedoch zuvor an den Reisebehälter gewöhnen und ihm für den Flug spezielle Schlaftabletten vom Tierarzt geben.
Informieren Sie sich rechtzeitig vor der Reise bei der Fluggesellschaft oder im Reisebüro über die derzeit gültigen Bestimmungen.

Mit dem Hund auf der Fähre

Benutzen Sie auf Ihrer Urlaubsreise ein Fährschiff, müssen Sie die Vorschriften beachten. Informieren Sie sich hierzu im Reisebüro. Bei längeren Fahrten kann man den Hund bei sich auf Deck (immer an der Leine) oder in der Kabine behalten. Bei kürzeren Fahrten bleibt er im Fahrzeug oder in einer Box. Mit Seekrankheit haben Hunde kein Problem.

Mit dem Hund am Urlaubsort

Genau wie der Mensch muss sich der Hund auf die neue Umgebung einstellen. Denken Sie daran, dass der Hund südliche Hitze nicht gewohnt ist, und strengen Sie ihn während der heißen Tageszeit nicht an.

Lassen Sie Ihren Hund nicht allein die Umgebung erkunden, denn es könnte sein, dass er selbst nicht mehr zurückfindet. Erkundigen Sie sich, ob es frei laufende Dorfhunde gibt. Nehmen Sie auch auf die anderen Urlauber Rücksicht: Auch wenn Hunde am Strand generell erlaubt sind, sollte Ihr Hund die anderen Badenden nicht belästigen.

Für das Lauftier Hund ist ein Urlaub im Gebirge ideal: Die Bewegung stimmt, auch das Klima ist angemessen.

Urlaub mit dem Hund per Auto

Im Leben eines modernen Haushundes spielt das Auto eine wichtige, mehr oder weniger zentrale Rolle.

Solche Transportboxen bieten Hunden auf der Ladefläche einen sicheren Platz.

Der beste Platz im Auto

Dies ist der Fußraum vor dem Beifahrersitz, möglichst auf der Hundedecke. Bei einer Vollbremsung fliegt der Hund nicht durch die Gegend, sondern wird gleich abgefangen. Außerdem ist die Nähe seines fahrenden Frauchens oder Herrchens beruhigend.

Ein großer Hund gehört im Kombi auf die Ladefläche, auf der er aber Halt haben muss. Oder er sitzt oder liegt auf dem Rücksitz, auf seiner Decke, die Sie rutschfest in die Polster gesteckt haben. Wenn Sie Ihren Hund von klein auf an einen festen Platz im Auto gewöhnen, wird er ihn von selbst einnehmen.

Völlig ungeeignete Plätze:

- der Schoß des Fahrers;
- der Platz zwischen Tür und Fahrer mit Kopf aus dem Fenster;
- die Ablage vor dem Heckfenster, denn von dort aus wird bei einem Auffahrunfall selbst ein Dackel zu einem tödlichen Geschoss für alle Insassen;
- der Kofferraum eines normalen Autos, da der Hund nichts sieht und zu wenig Luft bekommt.

Sicherheit im Auto

Je größer die Glasflächen eines Wagens, umso stärker wird der Innenraum bei Fahrten im Sommer aufgeheizt. Haben Sie keine Klimaanlage, müssen die Fenster offen stehen. Mit einem Hund als Fahrgast ist das nicht ungefährlich. Zu gern steckt er seinen Kopf hinaus und bekommt durch den Fahrtwind eine Bindehautentzündung. Zur Gefahr für den Verkehr wird ein Hund, der plötzlich aus dem Fenster springt.

Frischluftgitter (siehe Foto Seite 23) aus stabilem Kunststoff, die zusammengeschoben im Handschuhfach Platz haben, verhindern das. Sie werden in die halb geöffneten Fenster geklemmt und sorgen auch während des Parkens für Frischluft, ohne dass jeder in den Wagen hineinlangen kann.

Sicherheitsgurte für den Hund: Seit 1. Januar 2000 müssen Hunde im Auto auf dem Rücksitz angeschnallt werden. Dadurch sind sie und die Menschen auf den Vordersitzen bei Unfällen weniger gefährdet. Während für einen Hund bei einem Unfall mit 50 km/h Geschwindigkeit kaum Überlebenschancen bestehen, wird er sich mit einem Gurt allenfalls einen Bruch oder eine Quetschung zuziehen.

Die angebotenen Gurtmodelle bestehen aus einem Rückenlehnengurt, einem Haltegurt und einem Brustgeschirr. Sie sind typenungebunden, können in jedes Auto eingebaut werden und sind leicht zu handhaben. Angeboten werden mehrere Größen, vom Yorkshire Terrier bis zum Bernhardiner. Die Hunde behalten ihre Bewegungsfreiheit, sie können angegurtet sowohl sitzen als auch liegen.

Ein Netz oder Abtrenngitter hinter den Vordersitzen verhindert, dass Ihr Hund von seinem Platz auf den Hintersitzen nach vorn kommt.

Seit Januar 2000 müssen auch Hunde auf der Rückbank angegurtet werden.

Durch ein Stahlrohrgitter, das fest verschraubt (TÜV-Eintrag in die Wagenpapiere!) oder festgeklemmt wird, können Sie das »Hundeabteil« im Kombi ebenfalls abtrennen.

Die Sicherheitsautodecke (siehe Foto Seite 22) verhindert durch ihre Wannenform, dass

- der Hund von hinten nach vorn klettert;
- er bei scharfem Bremsen zwischen die Sitze rutscht;
- die Autopolsterung verschmutzt wird.

Sie stellt wohl die beste Lösung dar.

Auf großer Urlaubsfahrt

Egal, wie viele Kilometer Sie sich für den Tag vorgenommen haben, der mitfahrende Hund muss sich viermal lösen können und dabei ein wenig laufen, was auch für den fahrenden Menschen wichtig ist.

Es gilt die unumstößliche Regel, dass Hunde immer nur auf der Seite des Autos aus- und wieder einsteigen sollten, die der Straße abgewandt ist. Und zusätzlich gilt: Zuerst steigt der Hund ein, dann kommen Gepäck und Mitfahrer; beim Aussteigen geht es umgekehrt, zuerst kommen die Menschen, dann der Hund.

Bei Kurzspaziergängen unterwegs halten Sie den Hund immer an der Leine, sonst kann er einen Unfall verursachen. Außerdem befindet er sich in ihm fremdem Gelände. Und wenn er sich auf einer heißen Spur von Ihnen entfernt, kann er für immer verloren gehen; zumindest kostet Sie die Suche viel Zeit.

Rasten: Halten Sie auf einem Rast- oder Parkplatz am Rand der Autobahn, führen Sie den Hund zum Lösen so weit weg, dass seine Hinterlassenschaft die anderen Raster nicht belästigt. Das Gleiche gilt für die Umgebung von Raststätten. In der Raststätte selbst gelten die gleichen Regeln wie in einem Restaurant. Mit hinein darf er nur, wenn

- Hunde generell gestattet sind;
- Ihr Hund so erzogen ist, dass er niemanden belästigt und möglichst unsichtbar und unhörbar unter dem Tisch oder Stuhl liegen bleibt;
- er angeleint ist und bleibt;
- Sie ihn nicht vom Geschirr fressen lassen, das für die Gäste bestimmt ist. Eine hundefreundliche Bedienung bringt Ihnen sicherlich eine Schüssel, aus der er trinken kann, oder füllt Ihre mitgebrachte Schüssel mit Wasser, wenn das notwendig ist.

Bei einer Panne sorgen Sie dafür, dass der Hund sich nicht vom Auto entfernen kann. Entweder bleibt er im verschlossenen Wagen, oder Sie lassen ihn von einem Mitfahrer ein Stück spazieren führen. Wenn Sie den Hund mit der Leine an einem Baum, einem Schild oder einer Bank festmachen, vergessen Sie nicht, ihn wieder mitzunehmen!

Gönnen Sie dem Hund bei jeder längeren Autofahrt Bewegung.

Im Zoofachhandel gibt es praktische Vorratsbehälter für Trinkwasser.

Wird der Hund unruhig bei einer schnellen, langen Autobahnfahrt, kann das folgende Gründe haben:

- Der für Menschen nicht hörbare Dauerton, den die Reifen bei hoher Geschwindigkeit abgeben, stört den Hund. Durch Veränderung der Geschwindigkeit kann man die Frequenz ändern und eventuell den Hund beruhigen.
- Der Hund muss sich lösen.
- Auch der Fahrstil (scharfes Bremsen, ruckartiges Beschleunigen und rasantes Kurvenfahren) beeinflusst das Wohlverhalten des Hundes auf der Urlaubsreise.
- Der Hund hat gelernt, dass der Hundehalter sein bisheriges Tun unterbricht, wenn der Hund unruhig wird.

Pflege und Ernährung

Die richtige Pflege und eine ausgewogene Ernährung wirken sich – wie beim Menschen – auch beim Hund positiv auf seine Gesundheit aus. Sorgen Sie dafür, dass es ihm bei Ihnen gut geht.

Die Pflege des Hundes

Nicht nur um der Schönheit willen, sondern vor allem für die Hygiene und das Wohlbefinden müssen Sie den Hund regelmäßig pflegen.

Für die Fellpflege möchte ich keine speziellen Anweisungen geben. Wenn die Rasse dies erfordert, wird es Ihnen Ihr Züchter sagen, und Sie müssen es speziell lernen. An dieser Stelle dazu einige Grundregeln:

1. Jeder Hund genießt das tägliche Bürsten, wenn man es mit Gefühl und einer kräftigen, nicht kratzenden Bürste macht, und empfindet es wie intensives Kraulen. 15 bis 30 Minuten täglich, je nach Fellart, sollten Sie dafür aufwenden. Damit entfernen Sie die toten Haare. Fangen Sie im Welpenalter damit an, damit es zum gewohnten Ritual wird.

2. Langhaarige Hunde müssen zuerst gekämmt werden. Wenn man es regelmäßig macht, können die Haare auch nicht verfilzen. Bei Filzknoten hilft manchmal nur die Schere; lassen Sie es deshalb nie so weit kommen. Nach dem Bürsten beseitigen Sie mit einem feuchten Fensterleder den restlichen Staub.

3. Beim Haarwechsel arbeiten Sie das Fell zunächst mit der Hand durch – und zwar gegen den Strich. So gelangen die toten Haare der Unterwolle an die Oberfläche und können leicht weggebürstet werden. Auch Pfoten und Kopf müssen auf diese Weise bearbeitet werden. Die toten Haare jucken den Hund scheußlich.

4. Auch kurzhaarige Hunde verlieren Haare und brauchen die tägliche Fellpflege.

Baden – wann und wie? Die Regel, Hunde im ersten Jahr überhaupt nicht und später nur so selten wie möglich zu baden, ist längst überholt. Mit alkalifreien Hundeshampoos dürfen Sie es durchaus. Welpen werden frühestens nach der Schutzimpfung und wenn sie mindestens zwölf Wochen alt sind gebadet, erwachsene Hunde alle drei Monate oder wenn sie sich in etwas Stinkendem gewälzt haben. Hündinnen sollte man nach der Läufigkeit baden. Häufiges Baden ist nicht gut. Selbst schonende Hundeshampoos entziehen dem Fell etwas Fett, und eben dieses Fett macht ein Hundefell zu einem so vorzüglichen Schutz gegen Kälte, Regen und sonstige Witterungseinflüsse.

Die richtige Temperatur des Badewassers beträgt 34° C. Achten Sie darauf, dass weder Wasser in die Ohren noch Schaum in die Augen des Hundes kommen. Nur wenige Hunde lassen sich gern baden, auch wenn sie sonst in jeden Bach oder Teich springen.

Hunde mit langem Fell und dichter Unterwolle, wie Wolfsspitze oder Chow-Chows, bekommen nach dem Baden einen intensiven »Hundegeruch«. Man entduftet sie besser durch tägliches Kämmen und Bürsten, ohne dabei die Haut und damit die Talgdrüsen stark zu massieren. Waschen Sie häufig die Fellstellen, die mit Urin benässt werden.
Wichtig ist das gründliche Trocknen des Hundes nach dem Baden. Rubbeln Sie ihn sorgfältig ab, das mag er gern. Vermeiden Sie Zugluft und lassen Sie ihn sich trocken rennen.

Die Pflege von Augen und Ohren

Die Augen werden morgens vorsichtig mit einem Papiertaschentuch ausgewischt, wenn sich Sekret in den Augenwinkeln zeigt. Bei Rassen mit hängenden Unterlidern, wie Basset oder Bernhardiner, geschieht das täglich. Verkrustungen zu entfernen ist schwieriger, es können kahle Stellen und Entzündungen entstehen. Verwenden Sie dafür einen feuchten, sauberen Lappen. Bei Entzündung, starker Rötung, Tränenfluss, Lichtscheu oder anhaltendem Zwinkern ist ein Besuch beim Tierarzt notwendig.
Die Ohren, namentlich Hängeohren, werden zunächst mit einem feuchten Tuch von Straßenschmutz und Speiseresten gesäubert, bei langhaarigen Hunden anschließend gekämmt. Das Ohreninnere muss regelmäßig inspiziert werden, bei Hunden mit Hänge- und Kippohren, insbesondere wenn diese auch noch stark behaart sind, einmal in der Woche. Ziehen Sie dabei den Behang hoch und reinigen Sie den Gehörgang vorsichtig mit einem weichen Tuch, das Sie mit einem speziellen Ohrreiniger

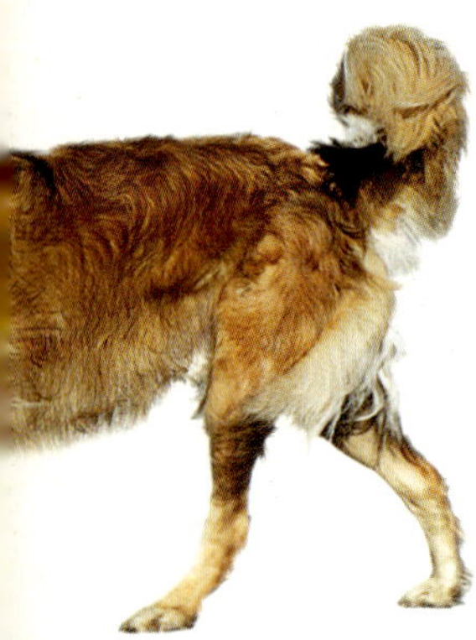

Gewöhnen Sie den Hund an die Zahnbürste, indem Sie die ersten Male statt Zahnpasta Butter verwenden.

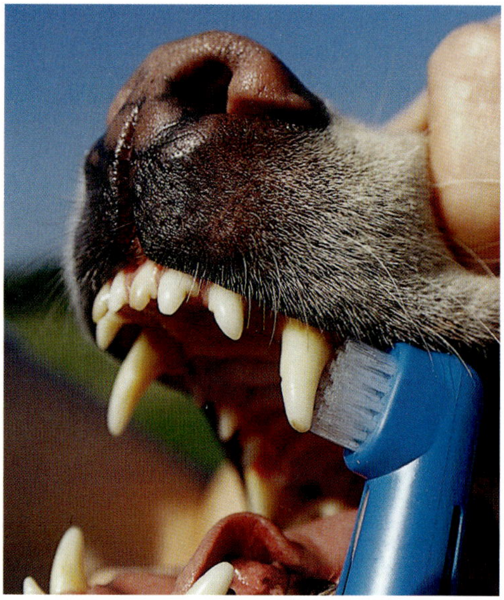

aus dem Zoofachhandel oder vom Tierarzt getränkt haben (siehe Seite 63). Praktisch zum Putzen sind auch die Baby-Öltücher aus weichem Vliespapier. Beim Reinigen können Sie im Hundeohr kaum das Trommelfell verletzen, denn der Gehörgang ist rechtwinklig gebogen. Jede Rötung im Gehörgang vor der Reinigung bedeutet, dass Sie den Tierarzt aufsuchen sollten. Vielleicht lassen Sie die Ohrenüberprüfung das erste Mal vom Tierarzt machen und schauen ihm dabei genau zu.

Regelmäßige Zahnkontrolle

Die Zähne des Hundes sind widerstandsfähiger als die des Menschen. Karies bekommt ein Hund so gut wie nicht, Zahnstein dafür umso häufiger, je kleiner die Hunde sind und je weniger Sie sich um die Zahnpflege kümmern.
Zahnpflege beim Hund heißt,

- ihn von klein auf daran gewöhnen, sich die Zähne mit Wasser und einem Tuch putzen zu lassen;
- die Zähne mit weicher Bürste und einer speziell für den Hund angenehmen Zahnpasta (Zoofachhandel, Tierarzt) zu reinigen.

Falls sich Ihr Hund partout die Zähne nicht putzen lassen will, geben Sie ihm regelmäßig

Zahnputzkauknochen zu fressen. Dadurch wird das Gebiss mechanisch gereinigt.
Rechtzeitig zum Tierarzt gehen, er entfernt den Zahnstein schmerzlos. Starker Zahnstein kann Zahnschmerzen und Zahnfleischentzündungen verursachen. Wenn der Hund schlechten, stinkenden Mundgeruch hat, haben die Fäulnisbakterien bereits so überhand genommen, dass häufig Zähne in Narkose gezogen werden müssen.

Krallen- und Ballenpflege

Krallen müssen nur geschnitten werden, wenn der Hund sie sich nicht am Pflaster abläuft. Meist handelt es sich dabei um die Afterkralle, die nicht abgelaufen wird, weil sie zu hoch sitzt. Wächst sie sich zu einem Haken aus, besteht die Gefahr, dass sie in den Ballen einwächst oder sich im Halsband verfängt. Der Hund kann in Panik geraten und sich verletzen. Krallen »leben«, das heißt, sie sind mit Blutgefäßen und Nerven durchsetzt, nur das Krallenende ist tot. Bei hellen Krallen kann man den lebenden Teil erkennen, bei dunklen nicht. Deshalb muss man beim Schneiden darauf achten, dass die durchbluteten Nagelteile nicht verletzt werden. Wenn Sie sich nicht sicher sind, lassen Sie den Tierarzt die Krallen kürzen.

Die Pflege der Ballen ist besonders wichtig. Auf ihnen läuft der Hund den ganzen Tag herum, und sie werden stark beansprucht. Bei schlechtem Wetter oder Schnee täglich feucht putzen und abtrocknen. Kontrollieren Sie öfter, ob Kaugummi an ihnen klebt oder kleine Steine, Splitter oder andere Fremdkörper zwischen ihnen klemmen.

Hat sich der Hund mal wieder mit Wonne in etwas fürchterlich Duftendem gewälzt, hilft nur noch ein Bad. Nach dem Shampoonieren sollten Sie das Fell gut nachspülen.

Kratzt sich der Hund häufig oder wälzt sich am Boden, können Hautparasiten die Ursache für den Juckreiz sein.

Pflege des Hinterteils

Zur Pflege des Hinterteils nimmt man am Besten einen feuchten Lappen. Bei langhaarigen Hunden ist das besonders wichtig, damit keine Kotreste am Fell hängen bleiben.

Wenn der Hund »Schlitten fährt«, das heißt, wenn er mit dem Hinterteil auf dem Boden rutscht, hat das weniger mit einem ungeputzten Po zu tun oder mit Markierungsverhalten, dann sind die Analdrüsen überfüllt und verstopft. Das ist für den Hund nicht nur lästig, sondern auch ein soziales Handicap bei der Begegnung mit anderen Hunden (siehe Seite 81).

Verstopfte Analdrüsen lässt man vom Tierarzt ausdrücken und bei Entzündung behandeln. Schlittenfahren kann aber auch durch Wurmbefall des Hundes verursacht werden, weil die Analgegend juckt. Dann sollten Sie den Hund möglichst bald entwurmen.

Ungeziefer und Zecken

Wenn der Hund sich kratzt, kontrollieren Sie sein Fell auf Ungeziefer. Das können Flöhe sein, Zecken oder kaum erkennbare Haarlinge (Tierläuse). Sie ernähren sich von Hautbestandteilen und kleben ihre Eier an den Fellhaaren fest oder stechen und saugen dabei Blut. Lassen Sie Ungeziefer vom Tierarzt diagnostizieren, er wird entsprechende Mittel verschreiben. Es gibt inzwischen hochwirksame Präparate, so dass Sie bei regelmäßiger Anwendung Ihren Hund ungezieferfrei halten können. Diese so genannten Spot-on-Präparate werden an zwei Punkten des Körpers auf die Haut geträufelt. Die Wirkstoffe werden über die Haut aufgenommen und über den gesamten Körper verteilt, so dass die Parasiten beim nächsten Saugakt an der Haut abfallen. Für Mensch und Hund sind diese Mittel ungefährlich, denn der Wirkstoff bleibt in der Hundehaut und wird nach etwa vier Wochen wieder ausgeschieden.

Richtig gepflegt, ist auch langhaariges Fell schön glänzend.

Die Ernährung des Hundes

Nicht alles, was schmeckt, ist gesund. Bei Ihrem Hund können Sie sich in Sachen Ernährung nicht auf seinen Instinkt verlassen. Da er mit Ihnen lebt, sind Sie auch für seine Nahrung verantwortlich. Seinen Hund richtig zu ernähren, muss man lernen. Denn der Familienhund ist heute den gleichen Risiken ausgesetzt wie seine Menschen; jeder dritte ist zu dick und isst das Falsche.

Ihr Hund, ob Dackel, Cocker Spaniel oder Dogge, stammt von den Wölfen ab, und die lebten nicht von Fleisch allein. Sie fraßen ihre Beutetiere, ob Maus, Birkhuhn oder Hirsch, mit Haut, Federn und Haar, mitsamt Magen- und Darminhalt und Blut. So deckten sie ihren Eiweißbedarf (durch das Muskelfleisch), versorgten sich mit dem nötigen Fett, den Kohlenhydraten (durch den Darminhalt) und Mineralien (durch das Blut des Beutetieres).

Sie fraßen schnell und in großen Brocken, um diese an einem ruhigen Platz wieder auszuwürgen und dort in aller Ruhe zu verzehren. Reste der Beute wurden eingegraben und durch die Reifung (Fäulnisprozess wie beim Käse) bekömmlicher.

An Ihrem Hund können Sie einiges aus der wölfischen Vergangenheit wiederentdecken:

- Anatomisch betrachtet ist er noch immer ein Fleischfresser, das erkennt man an seinem Gebiss und am Verdauungstrakt.
- Auch der Hund schlingt und kann häufig die Grenzen seines Hungers nicht erkennen.
- Er gibt auch leicht das Zuviel wieder von sich, ohne dass wir gleich eine Krankheit vermuten müssen.
- Er vergräbt gern Fleisch oder Knochen und frisst mit Wonne Ausgegrabenes und Angefaultes. (Im Boden gereiftes Fleisch ist nicht giftig, im Topf Verdorbenes dagegen schon.)
- Die Haare und Federn der Beutetiere mit ihrer Darm reinigenden Wirkung ersetzt der Hund durch das Fressen von Gras. Dieses hat Ballaststoffwirkung.

So weit das wölfische Erbe bei Ihrem Hund.

Was Menschen ihren Hunden geben

Beutetiere kann man nirgends kaufen. Trotz der Anpassung des Familienhundes an die menschliche Ernährung braucht er eine artgerechte Nahrung, die seiner Natur entspricht. Dazu gibt es verschiedene Meinungen bei den Hundebesitzern und -züchtern, die ich in vier Gruppen einteilen möchte:

1. Die Bequemen, Sparsamen und Konservativen: Sie füttern ihren Hund mit Speiseresten und glauben, er könne sich von dem ernähren, was von ihren eigenen Mahlzeiten übrig bleibt. Das ist die schlechteste und ungesündeste Methode, einen Hund zu ernähren, denn die Hunde vertragen die Gewürze, die Salz- und Zuckermengen nicht, die darin enthalten sind.

2. Hundebesitzer, die im Hund den reinen Fleischfresser sehen: Sie geben ihm reichlich Innereien und Muskelfleisch oder Knochen und machen ihn damit langsam und sicher krank (wenig Stuhlgang, Nierensteine und Ekzeme). Zum Teil verfüttern sie das Fleisch auch noch roh und riskieren, dass sich der Hund infiziert.

3. Die Menschen, die für ihren Hund speziell einkaufen und kochen: Sie halten ihr Futter für »die beste aller Ernährungsformen«. Wie

Hund und Ernährung

Woran erkennt man den falsch ernährten Hund?

✔ Der Hund ist zu dick: Diese Tatsache wird häufig zu spät konstatiert. Die Rippen sind ein Indiz für den normalgewichtigen Hund: Sie müssen sie sehen oder mit den Fingerspitzen ertasten können.

Aus der Verdauung des Hundes können Sie auf Fehler in der Ernährung schließen:

✔ Geringer, schwarzer und übel riechender Stuhl: Sie haben zu viel Fleisch verfüttert.

✔ Heller bis weißer und harter Stuhl: zu umfangreiche Knochenfütterung.

✔ Sehr große Haufen: geringwertige Ernährung, die vom Körper nicht ausgenutzt wird.

✔ Dünner, heller Stuhl oder Durchfall: Der Hund hat Milch getrunken oder zu viel Leber, Lunge, Pansen oder Euter gefressen.

✔ Blähungen: Der Hund hat Hülsenfrüchte bekommen.

Anmerkung: Der Kot des richtig ernährten Hundes ist gut geformt, weder zu weich noch zu hart, mittelbraun bis hell und mengenmäßig der Größe der Rasse angepasst.

gut es wirklich ist, hängt vom Wissen um die richtige Hundeernährung ab.

4. Die Verfütterer von Fertignahrung: Sie sind fortschrittlich und haben es bequem. Diese maßgerechte Ernährung, die alles für den Hund Lebensnotwendige enthält, ist optimal, aber leider nichts für empfindliche Mägen.

sich auch ein angeborener Vielfraß normalgewichtig halten.

- Appetitlose Hunde kann man – sofern eine Erkrankung ausgeschlossen ist – durch Vitamin B (Bierhefe in Pulverform) oder mit etwas Katzenfutter auf die übliche Mahlzeit verteilt zum Fressen bringen.

Cocker Bina und die Jagdschüssel

Binas Frauchen schwor auf hausgemachte Hundemahlzeiten. Sie war mit Hunden aufgewachsen, und die hatten immer frisches, rohes Fleisch bekommen. In ihren Hundebüchern stand dasselbe, und als sie las, dass gekochtes Fleisch nur zwei Drittel des Nährwerts von rohem habe, gab es für sie keine Diskussion. Der Fertignahrung stand sie ablehnend gegenüber, mochte sie sie selbst doch auch nicht, und – ein emotioneller Grund – Versuchshunde wurden mit Fertignahrung gefüttert. Bina war zwar etwas zu dick und hatte immer mal wieder Ekzemprobleme, war aber sonst wohl gesund. Bis zum Tag, als es die leckere Jagdschüssel gab: viel rohes Rehfleisch mit ein paar gekochten Nudeln und etwas Sahnesauce. Bina bekam Fieber, Brechdurchfall und einen Kreislaufkollaps. Die Diagnose: Salmonellose. Nach einem ausführlichen Gespräch mit dem Tierarzt – Bina wurde gerade noch gerettet – gibt es nur noch gekochtes Fleisch und zweimal in der Woche Trockennahrung.

Das richtige Fressverhalten

Damit Ihr Hund nicht zum gierigen Allesfresser oder zum mäkeligen Appetitlosen wird, müssen Sie ihm bereits im Welpenalter »Tischsitten« beibringen. Gewiss spielt auch die Veranlagung eine Rolle bei der Lust oder Unlust, an den Fressnapf zu gehen. Und es gibt auch Rassen, die richtig verfressen sein können, wie zum Beispiel Spaniels und Dackel, oder solche, die zu Appetitlosigkeit tendieren, wie etwa Setter und Kleinpudel. Da kastrierte Hunde eher zur Verfressenheit neigen, sollten Sie die Kalorienzufuhr reduzieren oder Diätfutter geben. Wichtig ist:

- Wenn man die Mahlzeiten konsequent zur gleichen Zeit am gleichen Ort serviert, lässt

Manche Hunde fressen so lange nicht, bis sie die ersten Bissen von Frauchens Hand bekommen. Das ist zwar ein Fehler in der Fressererziehung, aber was bleibt einem liebevollen Hundebesitzer in so einem Fall anderes übrig?

Hundemahlzeiten hausgemacht

Wer seinen Hund hausgemacht ernähren will, muss ihm täglich eine Mahlzeit kochen. Fleisch, in gulaschgroße Stücke geschnitten, bildet die Grundlage für die richtige Hundemahlzeit. Wegen der Infektionsgefahr muss alles Fleisch abgekocht werden. Am Besten sind Herz, Pansen oder Muskelfleisch, auch Hühnerhälse oder -mägen und Seefisch kann man ab und zu füttern. Dazu kommen gekochter Reis, Voll-

kornbrot, gekochte und zerdrückte Kartoffeln oder eingeweichte Flocken im richtigen Mengenverhältnis (zum Beispiel ein Drittel Fleisch zu zwei Dritteln Gemüse und Reis).
Anmerkung: Rohes Fleisch hat nicht mehr Nährwert als gekochtes. Bindegewebshaltiges Fleisch ist in gekochtem Zustand sogar besser verdaulich. Rohes Wild ist gesundheitsgefährdend, rohes Schweine- und Rindfleisch kann für Hunde tödlich sein, da sie sich mit der Aujeszkyschen Krankheit infizieren könnten.

Fröhliche, verspielte und aktive Hunde sind der beste Beweis für eine ausgewogene Ernährung.

Wer auf biologische Kost schwört und verschiedene Getreidekörner im Haus hat, kann auch Hafer, Gerste oder Hirse als Beifutter verwenden. Die Körner müssen gequetscht werden und sollen in der beim Kochen des Fleischs anfallenden Brühe rund zwei Stunden ausquellen.
Wichtige Beigaben: Ein Esslöffel Sonnenblumen- oder Distelöl, wenig Schweineschmalz, Bierhefe, Quark, Hüttenkäse und Knochenmehl, etwas gedämpftes Gemüse oder ein Vitamin-Mineralstoff-Präparat vom Tierarzt. Da Hunde Zähne haben, mit denen sie beißen oder kauen wollen, geben Sie Kalbsknochen oder Kauknochen aus Büffelhaut. Hunde lieben die Abwechslung, deshalb sollten Sie die Zusammensetzung der Mahlzeiten variieren.
Schwieriger als die Zubereitung ist die Berechnung der richtigen Menge und vor allem der richtigen Zusammensetzung. Die Kalorien kann man in entsprechender Literatur nachschlagen, die Nährstoffzusammensetzung ist selbst in der Fachliteratur kaum zu finden.

Was ist Fertigfutter?

Fertigfutter ist Vollnahrung, das heißt, alles, was der Hund braucht, ist darin enthalten. Es wird hergestellt als

- Dosenfutter (= Nassfutter) in verschiedenen Geschmacksrichtungen, zu dem noch Beikost wie Gemüse gefüttert werden soll;
- Trockenfutter, das durch den Entzug von Wasser besonders haltbar und konzentriert ist (30 g entsprechen 100 g Dosenfutter), in seiner Zusammensetzung aber dem Dosenfutter gleicht.

Manche Hunde gewöhnen sich jedoch nicht an Fertigfutter. Die beste Praxis dagegen ist, den Hund von Anfang an, wenn er zu Ihnen kommt, damit zu ernähren. Ein Fastentag wirkt meistens Wunder. Außerdem gibt es so viele unterschiedliche Sorten, dass eine davon auch Ihrem Hund schmecken wird. Sie ist dann der Einstieg in die richtige Ernährung – und in eine einfache dazu, denn:

- Sie sparen sich das Kochen, da Fertignahrung keimfrei ist.
- Sie müssen nichts schneiden, abwiegen oder überlegen.
- In fünf Minuten hat der Hund seine Mahlzeit, die beste, die Sie ihm geben können.

Anmerkung: Das stärkere Trinkbedürfnis des Hundes bei Ernährung mit Trockenfutter ist nicht darauf zurückzuführen, dass Trockenfutter Salz enthält, sondern dass ihm die Flüssigkeit fehlt, die der Hund sonst mit jeder Nahrung bekommt. Er muss ausreichend trinken, um einem Nierenschaden vorzubeugen.

Hunde sind keine sturen Gewohnheitsfresser, sondern mögen durchaus Abwechslung in ihrer Kost.

Richtige Ernährung

Wer zu viel isst, wird dick, und wer falsch isst, wird krank. Diese Gesetze gelten gleichermaßen für Hund und Mensch. Für die Praxis bedeutet das: Bei der idealen Hundenahrung müssen die Grundnährstoffe Eiweiß, Fett und Kohlenhydrate im richtigen Verhältnis zueinander stehen. Dazu kommen noch die notwendigen Vitamine und Mineralstoffe. Mengenmäßig soll die Nahrung so abgestimmt sein, dass der Hund weder abmagert noch zu dick wird. Das klingt ganz einfach, ist aber in der Praxis nicht leicht zu verwirklichen, wenn Sie die Hundenahrung selbst zubereiten. Es gibt heute in der Fachliteratur genaue Untersuchungen darüber, wie viele Kilokalorien/Kilojoule kleine und große Hunde benötigen.

Ein Nickerchen nach dem Fressen: nicht nur für Menschen eine Wohltat.

Die ideale Hundenahrung, das wissen wir auf Grund von Forschungsergebnissen, soll mindestens 30 Prozent Eiweiß, fünf Prozent Fett, bis zu fünf Prozent Rohfaser (Ballaststoffe) und höchstens 50 Prozent Kohlenhydrate enthalten. Hinzu kommen zwei Prozent Kalzium und Phosphor (als Ersatz für die Knochen des Beutetiers). Das alles ist in der Fertignahrung enthalten, die sich außerdem genau dosieren lässt (siehe Angaben auf dem Etikett).

Der Hund frisst Kot: Dieses Verhalten deutet auf eine Magenschleimhautentzündung (Gastritis) hin. Der Säureüberschuss verursacht eine natürliche Gier nach Säure ausgleichenden alkalischen Stoffen, treibt ihn zu Aas (das vergrabene Fleisch der Wolfsahnen) oder zu Kot, in denen das saure Eiweiß in basisches Ammoniak umgebildet worden ist. Ein weiterer Versuch, die übermäßige Säure im Magen loszuwerden, ist häufiges Grasfressen mit anschließendem Erbrechen. Ursache kann reine Fütterung mit Fleisch oder Trockenfutter sein.

Diät für den Hund

Von Tierernährungsspezialisten wurde eine Fertignahrung für kranke Hunde entwickelt, die man nur über den Tierarzt beziehen kann:

- Allergiediät für Hunde, die normale Nahrung nicht vertragen;
- Herzdiät für chronisch herzkranke Hunde;
- Magen-Darm-Diät bei Krankheiten des Magen-Darm-Trakts und bei Lebererkrankungen;
- Nierendiät bei Nierenerkrankungen und Blasensteinen;
- Aufbaudiät für Rekonvaleszenten, für trächtige und säugende Hündinnen, für Welpen vor und nach der Schutzimpfung;
- Abmagerungsdiät für den übergewichtigen Hund.

Dackel neigen zum Dickwerden, deshalb nicht zwischendurch füttern.

Regeln für den Hundetisch

Einen Hund richtig zu ernähren, kostet Geld, je nach Größe der Rasse und Einkaufsmöglichkeit zwischen zwei und zehn Mark pro Tag. Egal, was Sie füttern, ob Fertignahrung oder Selbstgemachtes, folgende Regeln sind für alle Hunde gültig:

- Der erwachsene Hund bekommt eine Mahlzeit und möglichst immer zur gleichen Zeit.

Zur Kontrolle, ob der Welpe genug frisst, wird er regelmäßig gewogen.

- Die beste Fütterungszeit ist mittags. Dann kann sich der Hund so lösen, dass er nachts nicht heraus muss.
- Das Futter darf weder zu heiß noch zu kalt sein; Raumtemperatur ist richtig.
- Frisst der Hund seine Ration nicht auf, kürzt man die nächste um das Übriggelassene. Ein gesunder Hund kann aber bis zur Hälfte mehr fressen, als er eigentlich braucht.
- Essensreste bleiben nicht im Napf. Der Fressnapf ist immer sauber und leer.
- Der Wassernapf dagegen ist immer frisch gefüllt. Ein Hund soll trinken können, wann er will, wobei das einzige Getränk für den Hund frisches Wasser ist.
- Suppige Nahrung sollte man nicht verfüttern, da sie nicht genügend sättigt und vom Körper zu wenig ausgenutzt wird.
- Nach einer Mahlzeit braucht der Hund Ruhe. Spazieren geht man vor dem Essen, das macht Appetit. Bei großen Hunden besteht beim Herumtollen mit vollem Magen die Gefahr einer Magendrehung (Notfall).

Sonderregeln für den jungen Hund

In der zehnten bis 14. Lebenswoche des Welpen trägt die richtige Ernährung dazu bei, dass sich das Knochengerüst kräftig und gesund entwickelt. Es können Mangelschäden durch falsche Ernährung entstehen. Außerdem lernt der Hund »Tischsitten« und nicht zu betteln.

Junge Hunde brauchen mehr Nährstoffe als erwachsene, da Wachstum und Gewichtszunahme große Energieleistungen sind. Deshalb muss die Nahrung qualitativ auch besonders hochwertig sein. Zu achten ist vor allem auf eine ausreichende Versorgung mit den wichtigen Vitaminen und Mineralstoffen (Schwerpunkt Kalzium und Phosphor im richtigen Verhältnis) sowie mit hochwertigen Eiweißen. Das alles – und in der richtigen Zusammensetzung – ist in spezieller Fertignahrung für Welpen (Zoofachhandel) enthalten. Damit können Sie Ihren Hund schon von klein auf an Fertigfutter gewöhnen. Diese Spezialnahrung kann das ganze erste Lebensjahr über gefüttert werden.

Ein Büffelhautknochen fördert die Kaumuskulatur des Welpen.

In der Wachstumsphase ist der Energie- und Nährstoffbedarf eines Welpen – bezogen auf das Körpergewicht – doppelt so hoch wie beim erwachsenen Hund. Das bedeutet, dass Sie einen Welpen regelmäßig wiegen sollten, um sicher zu sein, dass er zunimmt. Bei Leichtgewichten geht das einfach auf einer Babywaage. Das Wiegen von schwereren Hunden geht so: Wiegen Sie zunächst sich auf einer Personenwaage, nehmen Sie dann den Hund auf den Arm und wiegen Sie sich noch einmal. Die Differenz ergibt das Gewicht des Hundes.

Wie oft und wann füttert man junge Hunde?

Zeitraum	Anzahl der Fütterungen	Erste Fütterung	Letzte Fütterung
3. Lebensmonat	5	7 Uhr	19 Uhr
4./5. Lebensmonat	2	8 Uhr	18 Uhr
6./7. Lebensmonat	2	9 Uhr	17 Uhr
8.–12. Lebensmonat	2	9 Uhr	15 Uhr
Nach einem Jahr	1	13 Uhr oder 18 Uhr (oder während des Tages zwei kleinere Fütterungen)	

Der kranke Hund

Trotz artgerechter Haltung und angemessener Beschäftigung kann Ihr Hund krank werden. Je früher Sie eine Krankheit erkennen, desto besser sind die Heilungschancen. Vorsorgemaßnahmen nicht vergessen!

Wie erkennt man eine Krankheit?

Ein gesunder Hund zeigt sich im Aussehen und Verhalten normal. Das erkennen Sie daran, dass er seinem Naturell entsprechend munter ist, einen guten Appetit hat, sein Fell glänzt und seine Augen klar sind. Beobachten Sie Ihren Hund aufmerksam, und gehen Sie lieber zweimal zu viel als einmal zu wenig zum Tierarzt. Im Folgenden gebe ich Ihnen einige Tipps und Hilfen an die Hand, mit denen Sie mögliche Krankheiten erkennen und sich richtig verhalten können. Auch ein behüteter Hund kann sich verletzen, infizieren oder etwas Falsches fressen. Folgende Symptome können als Anzeichen von Krankheiten auftreten:

Durchfall kann auf falscher Ernährung beruhen oder eine Folge davon sein, dass der Hund Schnee gefressen hat (siehe Seite 35). Möglicherweise ist aber auch eine Verschiebung im Gleichgewicht der Darmbakterien ursächlich. Diese Diagnose sowie die Ursache für Blut im Stuhl muss vom Tierarzt festgestellt werden.

Erbrechen ist nicht immer ein Zeichen von Krankheit, es gehört zum Hundeverhalten, wenn er zu schnell oder zu viel gefressen hat. Häufiges, wiederholtes Erbrechen kann auf einen verschluckten Fremdkörper hinweisen, ebenso auf eine Vergiftung. Erbrechen mit Fieber bedeutet stets eine Infektion. Lassen Sie unbedingt die Ursache vom Tierarzt abklären!

Fieber zeigt immer Entzündungen oder Infektionskrankheiten an. Ein Tierarztbesuch ist notwendig. Äußere Anzeichen bei Fieber sind glanzloses Fell, trockene, heiße Nase, trübe Augen, Mattigkeit und fühlbar höhere Körperwärme als normal (siehe Seite 62).

Schlittenfahren deutet in den meisten Fällen auf Verstopfung oder Überfüllung der Analdrüsen hin, auf einen Fremdkörper wie einen Grashalm am After oder auf einen beginnenden Abszess (siehe auch Seite 50). Wurmbefall kann auch Juckreiz verursachen. Gehen Sie zum Tierarzt!

Kopfschütteln lässt ein Stück verhärtetes Ohrenschmalz, eine Ohrenentzündung oder einen Fremdkörper, zum Beispiel eine Granne, im Ohr vermuten. Der Tierarzt kann helfen.

Lahmen kann eine Fraktur, Verletzung, Verstauchung, Bänderriss oder Gelenkverschleiß anzeigen. Weitere Ursachen: Kreislaufstörungen, Altersschwäche, Dackellähme, Borreliose.

Mit Husten und Niesen reagiert der Hund, wenn er einen Fremdkörper in den Hals-Nasen-Raum bekommen hat, oder auch auf

Abgase. Damit kann sich aber ebenso eine Erkältung oder Halsentzündung oder Husten ankündigen. Werden die Symptome von Fieber begleitet, besteht der Verdacht auf eine Infektion, wie Staupe (siehe Seite 59).

Starker Maulgeruch ist entweder ein Anzeichen für faule Zähne, für eine Zahnfleischentzündung, für falsche Ernährung oder für eine Gastritis. Stellen Sie den Hund dem Tierarzt vor.

Ständiges Kratzen und Beißen kann auf Flohbefall oder ein Ekzem hinweisen. Da sich Hunde aber auch an schmerzenden Stellen kratzen und beißen, sollten Sie zum Tierarzt gehen.

Der Tierarzt soll zum Hausarzt werden

Ist Ihr Hund krank, gehört er in die Hand eines Tierarztes. Je besser er Ihren Hund kennt, umso leichter erkennt er krankhafte Veränderungen. Sie sollten deshalb den Tierarzt nicht wechseln, wenn er Ihr Vertrauen gewonnen hat, und ihn zu Ihrem Hausarzt machen.

Neben der Schulmedizin gibt es auch alternative Heilverfahren wie beispielsweise Homöopathie, Bach-Blüten-Therapie, Akupunktur oder Tierkinesiologie. Diese lassen sich auch mit der Schulmedizin kombinieren.

Krankenversicherung: Es gibt auch Versicherungen, die 80 Prozent der Tierarztkosten für den Hund erstatten (Adressen, siehe Seite 155).

Der Transport zum Tierarzt

Hunde lieben die Besuche beim Tierarzt nicht, auch wenn sie keine schlechten Erfahrungen gemacht haben. Die anderen aufgeregten Hunde, der Geruch nach Angst und Medikamenten machen selbst sonst furchtlose Hunde ängstlich. Deshalb sollten Sie den Hund immer gut anleinen. Als Welpen können Sie ihn gut an die Praxis gewöhnen, damit er später keine Angst hat.

Als Transportmittel für Ihren verletzten Hund können Sie einen großen, offenen Pappkarton verwenden, den Sie mit einer Decke ausschlagen, für kleine Hunde genügt eine Tragetasche oder ein Transportkorb.

Eine zweite Person sollten Sie mitnehmen, wenn Sie mit dem Auto zum Tierarzt fahren

Der Tierarztbesuch ist in der Regel kein Höhepunkt für den Hund. Deshalb sollten Sie ihn so transportieren, dass er nicht ausbüchsen kann.

Vorbildlich: So sollte sich jeder Hund bei der Untersuchung durch den Tierarzt verhalten.

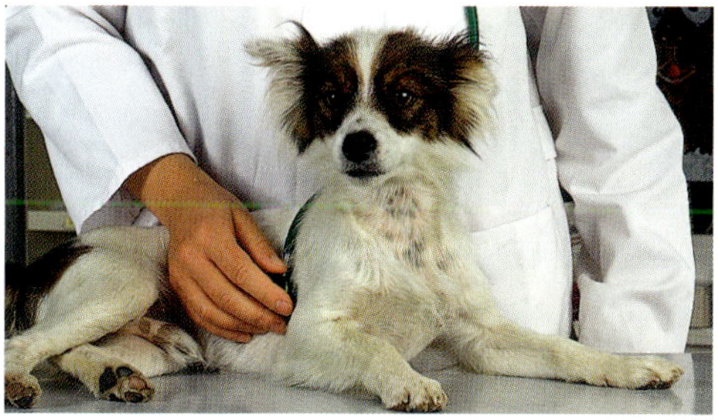

und wenn ein Eingriff vorgenommen wird. Sie kann fahren, während Sie den Hund auf der Rückfahrt beruhigen oder auch halten.

Tiertaxis, Tiertransporte sowie der Tierärztliche Notdienst übernehmen in Großstädten den Transport zum Tierarzt für alle, die kein Auto haben. Der Tierärztliche Notdienst kann auch bei Unfällen nützlich sein.

Der Besuch beim Tierarzt

Ein gut erzogener Hund lässt sich vom Tierarzt ohne Schwierigkeiten ins Maul und in die Ohren schauen, die Pfoten hochheben, auf einen Tisch stellen und Fieber messen. Dieses Wohlverhalten beim Tierarzt ist Bestandteil der Welpenerziehung.

Gesundheitsvorsorge: Wurmkur

Jedes Hundebaby bekommt von seiner Mutter Spulwürmer mit. Deshalb müssen Sie Ihren Welpen entwurmen lassen. Würmer schwächen die Widerstandskraft gegen Infektionskrankheiten. Kontrollieren Sie bitte auch später den Kot auf Würmer, zum Beispiel auf spaghettiähnliche Spulwürmer oder auf reiskornartige Bandwurmglieder (Bandwürmer sind beim Hund seltener, müssen aber sofort bekämpft werden), und wiederholen Sie die Wurmkur. Das ist besonders wichtig, wenn der Hund mit Kindern zusammenlebt.

Gesundheitsvorsorge: Impfungen

Hunde sind vom Welpenalter an von verschiedenen Infektionskrankheiten bedroht, gegen die nur regelmäßige Impfungen einen sicheren Schutz bieten. Die fünf gefährlichsten sind:

Die Staupe, eine Virusinfektion, die in drei Formen auftritt: als Darmstaupe mit Durchfall, als Lungenstaupe mit Lungenentzündung oder als nervöse Staupe mit Muskelzuckungen und Lähmungen.
Anzeichen: Fieber, Durchfall, Husten, tränende und verklebte Augen. Im fortgeschrittenen Stadium Krämpfe und Bewegungsstörungen. Die Staupe ist keine reine Welpenkrankheit. Durch systematische Impfung wurde sie stark zurückgedrängt, ist aber nicht verschwunden.

Die ansteckende Leberentzündung, auch *Hepatitis contagiosa canis* genannt, ist ebenfalls eine Viruskrankheit und in ihrem Erscheinungsbild der Staupe ähnlich.
Anzeichen: Fieber, Entzündungen im Nasen-Rachen-Raum, Durchfall und deutliche Schmerzempfindlichkeit im Bauch.

Die Stuttgarter Hundeseuche oder Leptospirose, eine bakterielle Infektion, wird durch verschiedene Leptospiren hervorgerufen. Einige sind auch auf Menschen übertragbar (sie verursachen ansteckende Gelbsucht).
Anzeichen: Fieber, Müdigkeit, Erbrechen, Appetitmangel, Mandelentzündungen, Magen-, Darm- und Nierenerkrankungen, häufig auch Schwäche in den Hinterläufen. In schweren Fällen Gelbsucht und Bewegungsstörungen. Die Impfung verhindert sowohl die Übertragung als auch die Erkrankung.

Die Tollwut ist die schlimmste aller Viruserkrankungen; sie ließ sich trotz verstärkter Bemühungen bisher nicht ganz ausrotten.

Klarer Fall: Bitte, bitte, spiel mit mir!

Anzeichen: Abnormes Verhalten, Beißwut, Lähmungen und Krämpfe, Schluckbeschwerden.

Die Schutzimpfung der Hunde ist besonders wichtig, da so die Übertragungskette vom erkrankten Wildtier, etwa dem Fuchs, auf den Menschen unterbrochen wird. In Tollwutsperrbezirken ist die Impfung für den Hund unter Umständen lebensrettend, da frei laufende Hunde als tollwutverdächtig eingestuft werden. Auch Auslandsreisen sind nur möglich, wenn im Impfpass die Tollwutimpfung eingetragen ist (siehe unten).

Die Parvovirose ist eine Viruskrankheit, die häufig da übertragen wird, wo viele Hunde zusammen sind.

Anzeichen: Plötzlich auftretender blutiger Durchfall, starkes Erbrechen, das ebenfalls blutig werden kann. Der Hund wird apathisch, verweigert die Nahrungsaufnahme und leidet unter starkem Flüssigkeitsmangel.

Impfpass

Die Impfungen selbst sind schmerzlos und werden in den internationalen Impfpass eingetragen. Er enthält nicht nur die Angaben über die notwendigen Impfungen, sondern auch über den Geburtsort, die Rasse und den Besitzer. So ist dieser Impfpass zugleich ein Personalausweis für den Hund. Dieses Dokument wird vom Tierarzt ausgestellt.

Spritze gegen die Läufigkeit oder Kastration?

Um zu vermeiden, dass Ihre Hündin unerwünschten Nachwuchs bekommt, gibt es folgende Möglichkeiten:

Wurmkur/Impfplan

Alter	Impfung	Entwurmung
2. Lebenswoche		Entwurmung gegen Spul-, Haken- und Fadenwürmer
4. Lebenswoche		Entwurmung gegen Spul-, Haken- und Fadenwürmer
6. Lebenswoche		Entwurmung gegen Spul-, Haken- und Fadenwürmer
8. Lebenswoche	1. Grundimpfung gegen Staupe, Hepatitis, Leptospirose, Parvovirose	Entwurmung gegen Spul-, Haken- und Fadenwürmer
10. Lebenswoche		Entwurmung gegen Spul-, Haken- und Fadenwürmer
12. Lebenswoche	2. Grundimpfung gegen Staupe, Hepatitis, Leptospirose, Parvovirose, Tollwut, evtl. auch gegen Zwingerhusten	Entwurmung gegen Spul-, Haken- und Fadenwürmer

Die Impfung ist jährlich zu wiederholen.

Welpen: Nach der 12. Lebenswoche alle drei bis vier Monate entwurmen.
Hündinnen: Entwurmung vor der Bedeckung, zehn Tage vor dem Geburtstermin und dann gemeinsam mit den Welpen. Eventuell Impfung gegen Zwingerhusten.

Hunde, die viel draußen herumschnüffeln, sollten regelmäßig entwurmt werden.

- Aufpassen und konsequentes Einsperren der Hündin in den kritischen Tagen.
- Die tierärztliche Hormonbehandlung in Form von Spritzen, die je nach Hündin und Zyklus alle vier bis fünf Monate gegeben wird oder in Form von Tabletten kontinuierlich. Genaueres hierzu erfahren Sie bei Ihrem Tierarzt.

Die Kastration (Entfernung der Eierstöcke) wäre die Lösung bei häufiger Scheinträchtigkeit oder wiederholter Gefahr unerwünschter Trächtigkeit. Sie ist heutzutage ein Routine-Eingriff, und viele Tierärzte empfehlen sie schon vor der ersten Hitze. Die Psyche der Hündin bleibt meist unverändert, Alterskrankheiten der Gebärmutter und der Gesäugekomplexe sowie Scheinträchtigkeit kommen dann weniger vor.

Nach § 6 Tierschutzgesetz ist die Kastration jedoch bei Hunden verboten. Dies gilt nur dann nicht, wenn sie nach tierärztlicher Indikation geboten ist oder wenn eine unkontrollierte Fortpflanzung verhindert werden soll.

Hygiene im Umgang mit dem Hund

Ich habe die Thematik schon bei der Frage »Hund und Baby« (siehe Seite 13) angesprochen, wo sie eigentlich am wichtigsten ist. Mensch und Hund leben in derselben mikrobiologischen Umwelt und immunisieren sich gegenseitig. Das heißt, sie erwerben einen Schutz vor vielen Krankheitserregern. Der Arzt nennt dies »stille Feiung«.

Zoonosen nennt man Infektionskrankheiten, die wechselseitig zwischen Mensch und Tier übertragbar sind.

Der beste Schutz ist gegeben durch

- Sauberkeit im Umgang mit dem Hund: regelmäßiges Waschen der Hände und sich nicht im Gesicht lecken lassen;
- regelmäßige Impfungen des Hundes;
- Sorgfalt und Regelmäßigkeit bei der Entwurmung des Hundes;
- Verfütterung von gekochtem Fleisch.

Hundespulwürmer können vom Hund auf den Menschen übertragen werden. Durch regelmäßige Entwurmung (alle drei Monate) lässt sich die Ansteckungsgefahr gering halten.

Hautpilze (Dermatophyten) können sowohl vom Hund auf den Menschen wie vom Menschen auf den Hund übertragen werden. Sie zeigen sich als kreisförmige, gerötete Flecken, die jucken. Die Behandlung ist beim Menschen wie beim Hund recht langwierig.

Die Tollwut und eine spezielle Variante der Leptospirose, die *Leptospira icterohaemorrhagiae*, zwei der fünf großen Hundekrankheiten, gegen die Sie Ihren Hund unbedingt durch regelmäßige Impfungen (siehe Seite 60) schützen sollten, sind auf den Menschen übertragbar. In beiden Fällen wird durch die Impfung des Hundes auch der Mensch geschützt.

Mandelentzündung und Mumps können genauso wie Schnupfen und grippale Infekte vom Menschen auf den Hund und umgekehrt übertragen werden. Hier ist der Hund der stärker Gefährdete.

Mattigkeit ist meist das erste Zeichen für Krankheit.

Wichtige Handgriffe

Es gibt einige medizinische Handgriffe, die Ihnen der Tierarzt nicht abnehmen kann, die Sie aber beherrschen sollten, um Ihrem Hund Hilfe leisten zu können.

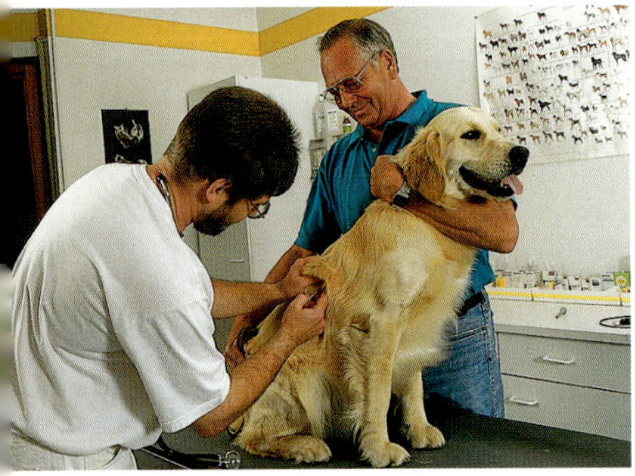

Während der Behandlung sollten Sie beruhigend auf den Hund einreden.

Richtig festhalten

Sprechen Sie während der Untersuchung ständig mit dem Hund und halten ihn beruhigend am Nacken. Soll er möglichst bewegungslos gehalten werden, nehmen Sie ihn so in den Arm, dass sein Kopf vom Behandelnden abgewandt in der Armbeuge liegen kann. Die andere Hand hält die Schulter.

Unsichere oder bissige Hunde bekommen vorher einen Schnauzenverband oder einen Maulkorb.

Soll der Hund bei der Behandlung liegen, setzen Sie sich hinter den Hund und fassen mit beiden Händen die unten liegenden Läufe; dabei fixieren Sie mit Ihren Unterarmen den Hund. So kann man ohne Kraftaufwand auch große Hunde halten. Beruhigen Sie den Hund.

Schnauzenverband anlegen

Mit diesem Verband verhindern Sie, dass der Hund beißen kann.

So wird's gemacht: Formen Sie aus einem etwa einen Meter langen Stück kräftiger Binde oder aus einer Krawatte eine Schlinge, und streifen Sie diese dem Hund über den Fang. Unter dem Fang verknoten Sie die Binde, die Enden kreuzen Sie und binden sie hinter den Ohren zu einer Schleife.

Druckverband anlegen

Dieser Verband ist nötig bei stark blutenden Wunden.

So wird's gemacht: Legen Sie einen Stoffbausch direkt auf die Wunde und wickeln dann eine Binde mehrfach darum. Nach jeder dritten Bindetour legen Sie noch etwas Watte als Polsterung dazwischen. Einen straffen Sitz erreichen Sie, wenn Sie beim Binden die Rolle ab und zu wenden (Laien legen Verbände meist zu locker an).

Blutet die Wunde trotz Druckverband weiter, muss die Blutzufuhr oberhalb der Wunde zum Körper hin abgebunden werden. Dafür können Sie einen Gummischlauch, einen Hosenträger oder ein ähnlich elastisch-festes Material verwenden. Der Verband muss alle halbe Stunde für kurze Zeit gelockert werden.

Jeder Unfallhund gehört sofort zum Tierarzt!

Puls messen

Gesunde Pulsfrequenz: bei großen und mittleren Rassen 70 bis 100, bei kleineren Rassen 100 bis 130, bei Welpen bis zu 200 Schläge pro Minute.

So wird gemessen: Zum Pulsmessen knien Sie sich hinter den stehenden Hund und fassen von oben kommend mit der Hand in die Leistenbeuge an den Übergang vom Hinterbein zum Rumpf. Dort findet man eine Spalte, in der die große Arterie läuft, die das Bein versorgt. Legen Sie Zeige- und Mittelfinger auf das Blutgefäß, und zählen Sie die Pulsschläge pro 15 Sekunden; multipliziert mit vier erhalten Sie den Wert pro Minute.

Fieber messen

Die normale Körpertemperatur des Hundes liegt zwischen 38,2 und 39° C. Was darüber liegt, ist Fieber. Sinkt die Körpertemperatur unter 37,8° C, bedeutet das beim Hund Untertemperatur, Sie müssen sofort mit ihm zum Tierarzt.

So wird gemessen: Stellen Sie den Hund auf einen Tisch, eine Hilfs-

Das Fiebermessen bei größeren Hunden erleichtert eine Hilfsperson.

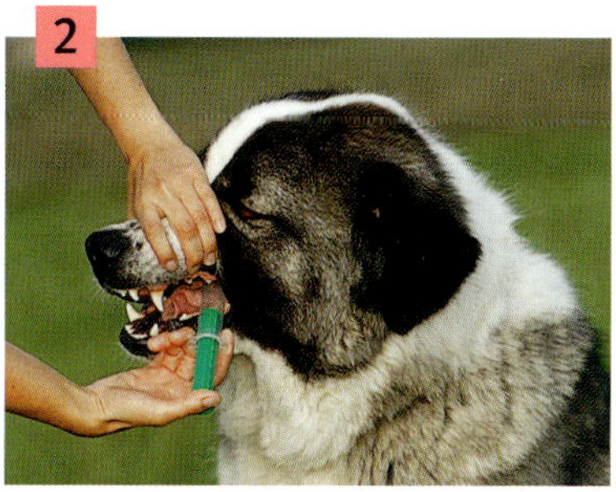

person hält den Kopf des Hundes in der Armbeuge und mit der anderen Hand die Rute hoch. Dann führen Sie ein mit Vaseline eingefettetes Thermometer vorsichtig etwa zwei Zentimeter tief in den After ein und nehmen es nach einer Minute wieder heraus. Der Hund sollte sich währenddessen nicht bewegen.

Medikamente eingeben

In Pulverform: Rollen Sie das Medikament in ein Hackfleischbällchen ein, und legen Sie es dem Hund möglichst tief in den Fang. Achten Sie darauf, dass der Hund es wirklich abschluckt.

In Tablettenform: Öffnen Sie den Fang, ziehen die Oberlippe zurück und drücken den Unterkiefer nach unten. Dann schieben Sie die Tablette so weit wie möglich über den Zungengrund. Halten Sie anschließend den Fang leicht zu. Ein gleichzeitiger freundlicher Klaps lenkt den Hund ab, und er schluckt.

Weitere Methode: Sie schneiden ein Stück Fleischwurst ein, stecken die Tablette in den Schlitz und geben dem Hund den Brocken.

In flüssiger Form: Träufeln Sie die Tropfen auf die Zungenspitze oder hinter die Fangzähne.

Zweite Methode: Ziehen Sie die Lefze auf einer Seite ein wenig heraus, so dass eine kleine Mulde entsteht. In diese Mulde träufeln Sie dann langsam die Flüssigkeit ein. Hilfreich ist es, wenn Sie dabei den Kopf des Hundes etwas hochhalten.

Dritte Methode: Ziehen Sie die Lefze auf einer Seite ein wenig heraus, und geben Sie die mit einer Einmalspritze aufgezogene Lösung direkt in den Fang des Hundes.

In Zäpfchenform: Das geht am Besten mit einer Hilfsperson: Während diese den Hund beruhigt oder ihn festhält, führen Sie das Zäpfchen langsam und möglichst weit in den Darm ein. Dabei einen Plastikhandschuh tragen. Eventuell müssen Sie mit dem Thermometer etwas nachschieben. Dann drücken Sie den Schwanz gegen den After, damit der Hund das Zäpfchen nicht gleich wieder herauspresst.

Ohrentropfen einträufeln

Beim Einträufeln von Medikamenten in das Ohr gehen Sie ähnlich vor wie bei der Reinigung mit einem weichen Tuch (siehe Seite 48). Setzen Sie sich vor den sitzenden Hund und ziehen die äußere Ohrmuschel hoch, so dass der Gehörgang sichtbar

1 Zur Behandlung am Ohr klappen Sie den Ohrlappen hoch.

2 Flüssigkeiten kann man mittels Spritze seitlich ins Maul eingeben.

3 Zum Einlegen des Salbenstrangs ziehen Sie die Augenlider etwas auseinander.

wird. Dann führen Sie die Tropfflasche so tief wie möglich in das Ohr ein und geben die Tropfen ein. Beim Hund können Sie das Trommelfell nicht verletzen, denn der Gehörgang ist rechtwinklig gebogen.

Danach klappen Sie die äußere Ohrmuschel nach vorn, halten das Ohr geschlossen und massieren den Ohrgrund, um das Medikament überall zu verteilen. Dann heißt es Abstand nehmen, denn der Hund schüttelt den Kopf, und ein Teil der Lösung fliegt heraus. Am Besten nehmen Sie die Prozedur im Freien oder in einem gefliesten Raum vor.

Augensalbe eingeben

Halten Sie den Kopf des Hundes leicht nach oben. Ziehen Sie dann die Augenlider etwas auseinander und legen einen Salbenstrang von oben kommend in das Unterlid.

Bei kleinen Hunderassen, wie Beagles, setzt der Alterungsprozess später ein als bei großen Hunderassen.

Verhaltensstörungen des Hundes

Psychische Störungen gibt es auch bei unserem besten Freund. Unsere hektische Lebensführung, der Stress und viele andere Belastungen des modernen Lebens haben sich auch auf manche Hunde übertragen, so dass es zu Störungen des natürlichen Verhaltens kommen kann. Diese äußern sich durch

- Aggressivität gegen andere Hunde;
- Zerstörungswut in der Wohnung;
- Angst vor Geräuschen und Gegenständen;
- übertriebene Wachsamkeit mit andauerndem Bellen;
- Verfolgen von Joggern, Radfahrern und Autos;
- Angst vor anderen Hunden;
- Angst vor dem Alleinsein.

Ihren Ursprung aufzuspüren ist wichtig, um eine erfolgreiche Behandlung durchführen zu können. Denn nur selten sind Krankheiten der Seele angeboren oder organisch bedingt. Viele Verhaltensstörungen sind durch falsche Prägung oder Erziehung oder schlimme Erlebnisse entstanden. Die meisten Störungen können Tierärzte für Verhaltenstherapie und speziell ausgebildete Hundetrainer behandeln. Dazu dienen bestimmte Erziehungstechniken, Therapiepläne und Medikamente, unter denen der Hund neue Verhaltensweisen lernt.
Hier ein Katalog von menschlichem Fehlverhalten, das einen Hund seelisch krank machen kann und das man vermeiden sollte:

Im Fall von Trennungsangst zerstört der Hund eventuell die Einrichtung. Doch Alleinbleiben ist lernbar!

Großer Hund in kleiner Wohnung: Es kommt zu Triebstauungen, falls Sie nicht mit dem Hund arbeiten oder ihn täglich mindestens zwei Stunden bewegen.
Wechselnde Stimmungen: Wenn Sie in Ihren Stimmungen schwanken, weiß der Hund nicht mehr, was er von Ihnen halten soll. Er »versteht« Sie nicht und reagiert dann verstört.
Kleiner werdende Spaziergänge sind eine Einengung seines Reviers, auf die ein Hund mit Unverständnis reagiert.
Unregelmäßige Lebensführung: Hunde brauchen ihre festen Gewohnheiten, wie Spaziergänge zum gleichen Zeitpunkt, Fütterung zur gleichen Zeit.
Änderungen im Familienleben durch Ehekrach, zeitweilige Trennung oder Scheidung können einen Hund krank machen (wie einen Menschen auch).
Vernachlässigen Sie den Hund, weil Sie ein Baby bekommen haben, kann er mit Eifersucht reagieren.
Mangelnde Autorität und zu lasche Erziehung: Der Hund reagiert oft aggressiv und selbstherrlich, weil er keinen Rudelführer hat. Behandeln Sie Ihren Hund gerecht, konsequent und nie gedankenlos.

Vom Altwerden und Sterben

Eine der häufigsten Fragen, die mir zum Thema Hunde gestellt wird, ist die nach der Lebenserwartung. Der Durchschnittshund wird (bedingt durch Kinderkrankheiten, Unfälle und Ähnliches) nur sieben Jahre alt. Unter den verschiedenen Rassen sind die Tibet Terrier (Tibet Apso) die Methusalems; sie können 20 Jahre alt werden. Der gute Mittelwert liegt bei zehn bis 14 Jahren, Hunderiesen und Bulldoggen werden nur sieben bis neun Jahre alt (auch dies nur ein Mittelwert!).

Wie zählt ein Hundejahr? Neun Hundejahre entsprechen 58 Menschenjahren; die alte Rechnung, ein Hundejahr entspräche sieben Menschenjahren, ist zwar weit verbreitet, stimmt aber nicht. Der zwölf Monate alte Hund ist etwa volljährig, und dann gilt: Ein Hundejahr entspricht fünf Menschenjahren.

Das Ergrauen des Hundes beginnt etwa im Alter von sechs Jahren an den Lippen und am Kinn. Es schreitet über die Backen und Nase fort und erreicht beim acht- bis zehnjährigen Hund auch die Partie um die Augen. Noch ältere Hunde ergrauen auch auf der Stirn und am Kopf. Gebrauchshunde werden in der Regel früher grau als Haushunde.

Der alte Hund

Mit etwa zwölf Jahren wird der Hund alt. Da er ein Nasentier ist und der für ihn wichtige Geruchssinn erhalten bleibt, stören ihn schwindendes Gehör und Augenlicht nicht so sehr wie einen Menschen, wenn er seine Umgebung nicht wechselt. Nun schmerzen auch die Knochen zunehmend, und auf Spaziergängen wird er jetzt langsamer. Auch seine Stubenreinheit kann nachlassen, im Alter hat das nichts mit Erziehung zu tun, es ist eine Schwäche der Blase. Dafür ist er ganz auf uns eingestellt, er ist uns immer ähnlicher geworden. Er weiß alles, er versteht alles, und manchmal spielt er wie früher. Das macht es auch so schwer, von ihm Abschied zu nehmen, ob er nun von sich aus stirbt oder wir ihm dabei helfen müssen, wenn er leidet.

Eine Sterbebegleitung unter Einsatz von Bach-Blüten und homöopathischen Mitteln helfen Tier und Mensch beim Abschiednehmen. Fragen Sie Ihren Tierarzt danach.

Das Einschläfern ist heute durch stufenweise erhöhte Narkose so verbessert, dass der Hund nichts davon merkt; selbst ein empfindsamer Besitzer kann ihn bis zuletzt im Arm halten.

Wie unser David starb

Am Samstag wurde David, unser Basset, noch einmal behandelt, doch unser Tierarzt machte uns wenig Hoffnung. David war sehr still, ging in den Garten und legte sich ins hohe Gras. In der Nacht zum Montag kam er zu meiner Frau und schlief wie ein Welpe dicht an sie geschmiegt sehr ruhig. Er hatte die beiden letzten Tage nicht mehr gewedelt, außer zehn Minuten vor seinem Tod, als ein kleiner Mischlingsrüde in das Wartezimmer des Tierarztes kam. Als David die Spritzen bekam, hielten wir ihn im Arm. Er schlief ein, schnell und ruhig. Aber er war von einer Minute auf die nächste im Gesicht älter geworden. Alles andere an ihm war weich und knautschig, die Pfoten angewinkelt. Als wir ihn nach Hause fuhren, saß ich hinten bei ihm. Mein Trost erreichte ihn aber nicht mehr. Ich wickelte ihn in die braune Decke, auf der er die Jahre bei uns geschlafen hatte. Er war mir im Abschied fast noch näher als je zuvor. Als ich ihn zum Grab trug, hatte die Leichenstarre gerade eingesetzt. Durch meine Tränen erkannte ich, was für ein großer Hund er gewesen war: unser Kleiner.

III. Kapitel

Wesen und Verhalten des Hundes

Wesen und Sinnesleistungen

Hunde verfügen noch über alle Sinnesleistungen und Verhaltensweisen ihrer wilden Ahnen. Ihre Fähigkeit, geringste Duftspuren oder leiseste Geräusche wahrzunehmen, lässt uns immer wieder staunen.

Bemerkungen zum Thema Wolf

Der Wolfs- und Hundeforscher Erik Zimen hat in den drei Jahren, in denen er mitten unter einem Wolfsrudel und vielen Königspudeln gelebt hat, 362 Verhaltensweisen und Tätigkeiten bei den Wölfen registriert, von denen die Pudel noch zwei Drittel zeigten. Verloren hatten sie diejenigen, die sie für das Zusammenleben mit den Menschen nicht benötigten. Sie werden deshalb Ihren Hund besser verstehen, wenn Sie Grundlegendes über Wölfe wissen.

Rangordnung: Sie ist sorgfältig abgestuft vom Rudelchef bis zum Prügelknaben. Die Jungen werden von allen Rudelmitgliedern erzogen; es gibt eine Geburtenkontrolle im Rudel.

Babysitting: Rangniedrige Wölfe passen auf die Jungen auf, wenn die Alpha-Wölfe jagen.

Rudelgefühl: Mehrere Generationen leben so miteinander, dass das Rudel geschützt wird.

Gute Organisation: Wer so zusammenlebt, verfügt über deutliche Verständigungsmittel, meist optische Signale: Haltungen und Bewegungen einzelner Körperteile, vor allem von Schwanz und Ohren, sowie eine deutlich ausgeprägte Gesichtsmimik. Sie alle gehören zu streng beachteten Umgangsformen, durch die sich oft die Rangordnung entscheidet.

Heulen: Dadurch finden verirrte Wölfe zum Rudel zurück, das Gruppengefühl des Rudels wird gestärkt. Die Stimmung ist freundlich.

Teamgeist: Er zeigt sich bei der Aufnahme der Witterung eines Wildes. Die Tiere drängen sich zusammen, die Nasen dicht bei dicht auf die Beute ausgerichtet, so als würde das Rudel zu einer einzigen Supernase. Sekunden der Erstarrung, dann prescht das Rudel los, und die Jagd beginnt.

Was können Sie daraus für Ihren Hund lernen?

Das Wichtigste ist sicher das Rudelgefühl. Der Hund fühlt sich nur in der Gemeinschaft wohl. Deshalb sollten Sie den Hund nicht viel allein lassen.

Lernen Sie zu verstehen, was der Hund Ihnen sagen will. Er spricht mit Ihnen mit Ohren, Fell und Schwanz (siehe Seite 79 bis 80).

Achten Sie darauf, dass in Ihrem Familienrudel die Rangordnung gewahrt bleibt. Sie müssen immer Chef sein, nicht der Hund.

Eine Hündin erwartet von Ihnen, dass Sie ihr bei der Aufzucht der Jungen helfen.

Wenn Hunde uns warnen oder uns etwas sagen wollen, bellen sie. Das haben sie im Zusammenleben mit uns gelernt, es ist ein Teil ihrer Sprache geworden (siehe Seite 76).

Eindeutiges Signal: Mit dieser Körperhaltung fordert der Hund Sie zum Spielen auf.

Heulende Hunde rufen nach dem Rudel, wenn man sie allein lässt, und nach der Partnerin, wenn eine läufige Hündin in der Nachbarschaft ist. Dies ist aber auch der alte Chorgesang, wenn sie musizieren.

Der Hund – ein eigenständiges Wesen

In der Broschüre »Rund um den Hund« des Österreichischen Kynologenverbands fand ich diese bemerkens- und beachtenswerten »Zehn Bitten eines Hundes an den Menschen«:

1. Mein Leben dauert zehn bis 15 Jahre. Jede Trennung von Dir wird für mich Leiden bedeuten. Bedenke es, ehe Du mich anschaffst.

2. Gib mir Zeit zu verstehen, was Du von mir verlangst.

3. Pflanze Vertrauen in mich – ich lebe davon.

4. Zürne mit mir nie lange, und sperre mich zur Strafe nicht ein! Du hast Deine Arbeit und Dein Vergnügen – ich habe nur Dich.

5. Sprich manchmal mit mir. Wenn ich auch Deine Worte nicht verstehe, so doch die Stimme, die sich an mich wendet.

6. Wisse, wie immer an mir gehandelt wird – ich vergesse es nie.

7. Bedenke, ehe Du mich schlägst, dass meine Kiefer mit Leichtigkeit die Knöchelchen Deiner Hand zerquetschen könnten, dass ich aber keinen Gebrauch von ihnen mache.

8. Ehe Du mich bei der Arbeit »unwillig« schiltst, »bockig« oder »faul«, bedenke: Vielleicht plagt mich ungeeignetes Futter, vielleicht war ich zu lange der Sonne ausgesetzt oder habe ein verbrauchtes Herz.

9. Kümmere Dich um mich, wenn ich alt werde – auch Du wirst einmal alt sein.

10. Geh jeden schweren Gang mit mir. Sage nie: »Ich kann so was nicht sehen« oder »Es soll in meiner Abwesenheit geschehen«. Alles ist leichter für mich mit Dir.

Ich unterschreibe das voll und ganz. Nur die fünfte Bitte scheint mir zu bescheiden: Sprechen Sie so viel wie möglich mit Ihrem Hund. Der Klang Ihrer Stimme schafft Harmonie zwischen Ihnen und Ihrem Hund.

Was sich in der Tüte wohl versteckt haben mag?

Partnerschaft Mensch – Hund

Ein Hund ist ein eigenständiges Lebewesen, wenngleich er sich dem Menschen so angepasst hat wie kein anderes Tier. Mensch und Hund sind Partner auf Gegenseitigkeit.

Voraussetzung für diese enge Mensch-Hund-Beziehung ist allerdings, dass man seinen Hund nicht als vierbeinige Alarmanlage, Spielzeug für die Kinder oder Prestigesymbol betrachtet, sondern als Partner sieht, ohne sein Hundsein, sein Anderssein zu vergessen. Denn der Hund ist in der engen Bindung an den Menschen immer noch ausreichend Hund geblieben. Er – das »wilde Tier« – wird kurz nach der Geburt in den sozialen Verband der Menschen, einer ihm fremden Art, integriert, mit der er eine sehr enge Bindung eingeht. Sein Genosse Mensch besorgt ihm die Nahrung, übernimmt die Fürsorge für die Jungen, schützt ihn vor Wind und Wetter, behandelt seine Krankheiten und bestimmt, allerdings mit Ausnahmen, seine Sexualpartner. Dennoch ist der Hund ein eigenständiges Wesen geblieben. Darüber kann ich immer staunen, genauso wie über die Sinnesleistungen, in denen er sich gewaltig von uns unterscheidet.

Der Hund als Wächter

Sie sitzen zu Hause und lesen die Zeitung. Alles ist friedlich und ruhig. Plötzlich hebt Ihr tief schlafender Hund den Kopf und beginnt zu knurren. Als die Türklingel ertönt, schlägt er bellend an: Schon vor dem Klingeln hatte er gehört, dass sich ein Fremder Ihrer Wohnung näherte. Weil der Hund so gut hören kann, haben die Menschen ihm die Rolle eines Wächters übertragen.

Bemerkungen über das Hundeohr

Das Hörvermögen des Hundes ist wesentlich größer als das des Menschen. Das menschliche Hörvermögen liegt etwa zwischen 16 000 und 20 000 Schallschwingungen pro Sekunde; der Hund kann Töne zwischen 70 000 und 100 000 Schwingungen wahrnehmen. Die lautlose Hundepfeife im Ultraschallbereich funktioniert auf Grund dieser Fähigkeit. Ein Hund hat 17 Muskeln, um sein Ohr zu bewegen, und Hunde mit natürlichen Stehohren können diese wie Radarschirme zur Ortung von Geräuschen verwenden.

Bemerkungen über die Hundenase

Wenn ein Hund Kontakt mit Menschen oder seinesgleichen aufnimmt, ist immer die Nase mit im Spiel. Sein Geruchssinn sagt ihm, ob er den Hund oder den Menschen gut kennt, ob dieser ihm sympathisch ist oder ob er ihm misstrauen muss.

Sein überragender Geruchssinn befähigt ihn,

- die Spuren von Wild zu verfolgen und es zu stellen (Gehilfe bei der Jagd);
- Pilze unter der Erde zu suchen;
- die Spur eines Verbrechers zu wittern, ein verloren gegangenes Kind zu suchen oder in den raffiniertesten Verstecken Rauschgift aufzuspüren (Gehilfe der Polizei);
- Menschen zu finden, die bis zu sieben Meter unter Schnee oder dem Schutt eingestürzter Häuser begraben sind (Helfer bei Lawinen- und Erdbebenkatastrophen).

Hat der Hund etwas Interessantes gerochen, nimmt er die Witterung auf. Ist sein Jagdinstinkt stark ausgeprägt, sollten Sie ihn sofort ablenken und zu sich herrufen.

Der Hund erlebt die Welt durch seine Nase, ob bei der Kontaktaufnahme zu anderen Hunden (rechts) oder beim Buddeln im Boden (oben).

Der Hund erriecht die Welt

Das wichtigste Sinnesorgan beim Hund ist die Nase. Für das, was eine Hundenase in Eindrücke umsetzen kann, fehlt uns die Vorstellungskraft. Die Riechfläche des Hundes ist 30-mal größer als die des Menschen; das Riechvermögen des Hundes ist noch wesentlich stärker ausgeprägt. Hierzu ein paar Beispiele:

- Ein Hund riecht unsere Stimmung und ob wir ihn mögen oder ablehnen.
- Folgt er einer Fährte, weiß er, wie alt sie ist und in welche Richtung sie führt.
- Er schnüffelt an Straßenecken, Laternenpfählen und Bäumen, welche Hunde vor ihm da waren, und er hinterlässt ihnen Nachrichten von sich (siehe Seite 82).
- Natürlich kennt der Hund Ihren spezifischen Geruch sehr genau. Trotzdem sollten Sie ihn nicht verwirren, indem Sie dauernd Ihr Parfüm oder Ihr Rasierwasser wechseln.

Kommt der Hund neu zu Ihnen ins Haus, sei es als Welpe oder als Erwachsener, sollten Sie das erste halbe Jahr Ihr Duftbild nicht verändern. Nur so kann Ihr Hund sich Ihren Geruch wirklich einprägen. Und noch eine Bitte: Parfümieren Sie sich nicht zu stark. Denn dann sind Sie für Ihren Hund eine echte Geruchsbelästigung. Denken Sie daran, dass er in einer völlig anderen Sinneswelt lebt.

Der Geschmackssinn des Hundes

Er ist bisher nicht genau erforscht worden, aber mit dem hoch sensiblen Geruchssinn eng verbunden: Die Vorliebe des Hundes für bestimmte Futtersorten wird mit Sicherheit auch vom Geruchssinn beeinflusst. Die Zunge (das Geschmacksorgan) hat beim Hund die Aufgabe, das Futter geschmacklich wahrzunehmen. Zudem hat sie noch zwei wichtige Zusatzfunktionen: Sie dient auf Grund ihrer besonderen Beweglichkeit zur Flüssigkeitsaufnahme und verschafft beim Schwitzen Abkühlung, denn durch das Hecheln wird Wasser verdunstet. Die Zunge ersetzt also die so gut wie nicht vorhandenen Schweißdrüsen.

Bemerkungen zum Hundeauge

Der Bereich, den ein Hund überblicken kann, ohne den Kopf zu drehen, liegt je nach Schädelform und Lage der Augen zwischen 270° und 200°, beim Menschen etwa bei 100°. Doch sein plastisches Sehvermögen ist wesentlich eingeschränkter. Seine Sehfähigkeit wird bei abnehmender Helligkeit besser, denn eine reflektierende Schicht im Augenhintergrund (das Tapetum lucidum) lässt seine Augen bei Lichteinfall aufleuchten. So kann er auch noch bei Dunkelheit Bewegungen wahrnehmen. Was sich bewegt, sagt ihm sein Geruchssinn: Durch ihn erfasst er seine Umwelt. Das bemerke ich immer wieder, seit mein Hund blind geworden ist. Er ist bei weitem nicht so behindert wie ein blinder Mensch.

Ein Hund reagiert auf Bewegung: Wenn Ihr Hund in Windrichtung auf Sie zukommt, Sie also nicht riechen kann, muss er sich auf seine Augen verlassen. Der Hund ist von Natur aus weitsichtig und daher vor allem auf die optische Wahrnehmung von Bewegung eingestellt – ein Erbe aus seiner jagenden Wolfsvergangenheit. Wenn Sie ruhig stehen bleiben, wird er Sie erst auf kurze Entfernung erkennen. Diese Fähigkeit wird von Jägern bei Apportierhunden und Pointern genutzt.

Der Tastsinn

Die tief in der Haut sitzenden Schnurrbarthaare des Hundes haben eine gewisse Tastfunktion, da sie in empfindlichen Nervenzellen enden. Sie sind jedoch für den Hund nicht so wichtig wie die Schnurrhaare für die Katze. Weitere Zonen mit Tastsinneszellen sind die Lippen, die Pfoten und der Nasenspiegel.

Was der Hund über seine Sinne wahrnimmt

Das Zusammenwirken seiner Sinne befähigt den Hund zu Leistungen, die uns erstaunen.

- Ein Hund merkt, dass wir gehen wollen.
- Er schläft fest bei voll aufgedrehtem Fernseher, wird aber wach, wenn wir zum Beispiel mit Wurstpapier rascheln.
- Schlittenhunde können selbst in der Nacht die einmal eingeschlagene Richtung beibehalten, während das Skiläufer mit Kompass nicht schaffen.
- Hunde beobachten gern von einem erhöhten Platz aus die Umgebung (z. B. Fenster), obgleich ihr Gesichtssinn nach Ansicht einiger Forscher nicht allzu gut sein soll.
- Ein Hund kann das Geräusch des Familienautos von anderen Motoren unterscheiden.

Diese Leistungen und Fähigkeiten können wir nur zum Teil erklären. Sie zeigen uns aber, dass der Hund in der Wildnis überleben könnte.

Der eifersüchtige Piet

Piet hatte zeitlebens eine Abneigung gegen das Bürsten auf dem Tisch – vielleicht war er kitzlig. Auf jeden Fall entzog er das jeweilige Körperteil der Bürste und entwickelte darin eine große Geschicklichkeit. Dann kam ein neuer, kleiner Hund ins Haus: Henry genoss es, gebürstet zu werden. Das schaute sich Piet nicht lange an: Er kletterte über einen Stuhl auf den Kosmetiktisch, stellte sich quer über Henry und sah seinen Herrn stumm an. »Gerührt setzte ich den Kleinen zu Boden und bearbeitete nun Piet, der sich dies ungewöhnlich geduldig, zuvorkommend und zufrieden gefallen ließ, während unten Henry wütend kläffend den Tisch umsprang.«

Verhaltensweisen

Ob Chihuahua oder Münsterländer, alle Hunde sind direkte Nachkommen des Wolfes. Und viele Verhaltensweisen stammen noch aus ihrer wölfischen Vergangenheit. Die richtige Deutung erleichtert das Zusammenleben.

Der Hund und sein Verhalten

Im Zusammenleben mit dem Hund fallen uns oft Reaktionen auf, die uns sehr »menschlich« erscheinen. Das ist meistens dann der Fall, wenn wir dem Hund diese Reaktion eigentlich nicht zugetraut hätten. Doch was ist denn »typisch menschlich«, was »typisch Hund«?

Bestimmt werden die Verhaltensweisen von der Natur des Hundes, die trotz der langen Gemeinschaft mit dem Menschen noch viele seiner wölfischen Eigenschaften aufweist: Er ist ein Raubtier und deshalb gut zur Jagd geeignet. Auf Grund seines ausgeprägten Revier- und Territorialverhaltens ist er ein sehr guter Wächter. Zudem macht ihn sein Sozialverhalten, die Herkunft aus einem Rudel, so gesellig.

Zu diesem Erbe seiner Vorfahren hat sich der Hund durch das Zusammenleben mit dem Menschen eine Intelligenz zu Eigen gemacht, die auf Erinnerungsvermögen an erlebte Erfahrungen beruht. Mit ihrer Hilfe kann er das angeborene Verhaltensrepertoire an die jeweilige Situation anpassen. Aus diesem Grund muss man zwei Gegensätze unterscheiden: Gewisse Reaktionen (zum Beispiel die Reaktion auf die optische Wahrnehmung einer Bewegung) laufen nahezu automatisch ab. Gleichzeitig ist jeder Hund auch ein eigenständig handelndes, fein fühlendes Individuum, das eigene Entscheidungen fällt.

Hundeverhalten ist also die Summe aus angeborenen Verhaltensweisen der Spezies Hund, speziellem Verhalten verschiedener Rassen, erlerntem Verhalten durch Erziehung und Zusammenleben mit dem Menschen und umgesetzten Emotionen und Gefühlswerten, die sich auch aus der Gemeinschaft mit dem Menschen ergeben haben.

Für einen Menschenhund kann eine ideelle Zuwendung, also ein Lob, genauso wichtig wie ein Leckerbissen sein. Denn ein Hund kennt Gefühle, wie Zuneigung, Neid, Misstrauen oder Eifersucht.

Durch Züchtung wurden einige Rassen für uns »schwer durchschaubar«. Andererseits haben Züchter spezielle Eigenschaften und Verhaltensweisen ausgewählt, die es mir wiederum möglich machen, den Charakter der Rassen (Rassenporträts, siehe Seite 114 bis 143) zu beschreiben. Wie soll man zum Beispiel den Gesichtsausdruck eines Bobtails deuten, der sich hinter einem Haarvorhang verbirgt, wie den eines Dobermanns oder Bullterriers, deren Gesichtshaut so straff anliegt, dass man

kaum Regungen erkennen kann, oder den eines Bassets, dessen Hautfalten eine Seelenlage vortäuschen, die gar nicht vorhanden ist?
Was den Charakter angeht, so verhalten sich Rassen wie Pyrenäenhunde oder Schlittenhunde, Terrier und Dackel nach ihrem Willen, sie wollen mit fester Hand erzogen werden. Bei Meutehunden, wie Beagles oder Bassets, und bei Pudeln oder Windhunden ist die Autorität des Menschen gesichert. Man hat immer wieder verschiedene Rassen in Familienhand auf ihr wesensmäßiges Verhalten hin beobachtet und ist dabei zu Ergebnissen gekommen, die alle Hundehalter bei der Wahl ihrer Rasse beeinflussen sollten.
Allerdings gibt es auch Hunde, deren Verhalten genau dem Gegenteil dessen entspricht, was in der Literatur beschrieben ist. Das ist der Nachteil von verallgemeinernden Untersuchungen und spricht für das Individuum Hund. Wenngleich die Mimik einiger Rassen für uns schwer verständlich ist, spricht der Hund doch in den meisten Fällen mit seinem Gesichtsausdruck und dazu noch mit Ohren, Fell und Schwanz. Dass das Kupieren von Schwanz und/oder Ohren unterdessen verboten ist, ist gut, denn dies hatte die Hunde einer wichtigen Ausdrucksmöglichkeit beraubt.

Die zwei Sprachen des Hundes

Eine dient dem Umgang mit Artgenossen und eine zur Verständigung mit den Menschen. Zum Teil verwischen sich ihre Grenzen, nur die Geruchssprache über die Nase (siehe Seite 71) bleibt uns verschlossen.

Trotz »Fremdsprache« verstehen sich beide prächtig.

Der Irish Setter wurde als Vorstehhund zur Jagd gezüchtet. Er hat eine gute Nase und ist schnell und ausdauernd.

Zur Hundesprache gehören des Weiteren das Lautgeben (siehe unten) sowie Haltung und Mimik, die durch den ganzen Körper (daher Körpersprache), durch den Schwanz, die Ohren, das Gesicht und das Fell artikuliert werden. Auch ein besonders stark an den Menschen angepasster Hund sollte sich mit Artgenossen verständigen können. Wenn er die Regeln von Hund zu Hund nicht beherrscht, ist er kein Hund mehr, und Sie können nur schwer mit ihm spazieren gehen, weil er nicht weiß, wie er sich anderen Hunden gegenüber benehmen soll.

Die Lautäußerungen des Hundes

»Wie spricht der Hund?« ist ein Kommando, mit dem manche Hundebesitzer ihren Liebling auffordern zu bellen. So sind für den Menschen die Lautäußerungen des Hundes, gipfelnd im Bellen, das Synonym für die Hundesprache schlechthin. Ich habe mir im Lauf der Zeit aufgeschrieben, was meine Hunde so alles hervorbringen.
Hier das Repertoire der Lautsprache meiner Hunde: Sie bellen, kläffen, schlagen an, wuffen, blaffen, jodeln, knurren, jaulen, heulen, schreien, kreischen, winseln, wimmern, fiepen, schniefen und brummen. Und das alles gibt es auch gemischt, doch dafür habe ich keine Ausdrücke. Dabei habe ich in meiner Aufzählung nur Laute für Mitteilungen und keine Schmerzäußerungen notiert.
Den Hund verstehen lernen: Ein Hund kann vor freudiger Erwartung kreischen oder aus Angst schreien, aus Langeweile winseln und vor dem Eindösen fiepen. Diese Lautsprache,

Hund und Wedeln

Wedeln als Ausdruck verschiedener Stimmungslagen

Auch jeder Hundelaie weiß, dass ein wedelnder Hund ein freundlicher Hund ist. Wedeln ist aber auch eine sehr abgestufte Ausdrucksform verschiedener Stimmungslagen. Mit Wedeln spricht der Hund sowohl den Menschen wie seine Artgenossen an.

✔ Kräftiges, schnelles Wedeln: Dadurch signalisiert der Hund anderen Hunden und dem Menschen seine freundliche Gesinnung.

✔ Langsames, kurzes Wedeln, manchmal nur ein paar Klopfer auf den Boden, wenn der Hund liegt: Er sagt dem Menschen, dass er ihm gut ist.

✔ Aufgestellter Schwanz, der sich wie ein langsamer Scheibenwischer von einer Seite zur anderen bewegt: Dies ist ein Konfliktwedeln zwischen Begrüßung und Ablehnung. Der Hund weiß noch nicht, was er tun soll.

✔ Der Schwanz ist fest zwischen den Beinen eingezogen: Dies bedeutet Zurückhaltung, Unsicherheit oder Angst des Hundes.

✔ Waagerecht getragener Schwanz: Dies drückt ein Gefühl großer Zufriedenheit aus.

verbunden mit der Körpersprache, müssen Sie lernen. Wenn Sie zum Beispiel nach Hause kommen und Ihr Dackel überschäumend vor Freude mit dem Schwanz und dem ganzen Hinterteil wedelt, seinen Körper hin- und herkringelt, wie ein Gummiball auf und ab hüpft, jodelt und bellt, dass Ihnen die Ohren dröhnen, dann ist das eine Begrüßung, die nach angemessener Antwort verlangt.
Wenn Ihr Hund eine eintönige Folge von »Wu-wu-wu-wu«-Lauten von sich gibt und Sie dabei anschaut und heftig mit dem Schwanz wedelt, ist es Zeit zu einem gemeinsamen Spaziergang. Ein lautes, lang andauerndes »Wau-wau-wau« kann bedeuten, dass der Hund Hunger hat und sein Fressen haben will. Ein dumpfes Knurren mit gesträubten Haaren und »Hau-hau« sagt, dass jemand vor der Etagentür ist und gleich klingeln wird.
Ihre Reaktion ist wichtig. Ein guter Hundehalter versteht die Äußerung seines Hundes und reagiert auch richtig darauf. Richtig heißt, in einer wohl dosierten Mischung von Überhören und darauf Eingehen. Je besser Sie das Bellen Ihres Hundes verstehen und je mehr Sie darauf eingehen, um so stärker wird auch der Hund es anwenden.
Bei den Jagdhunden wird das Bellen bewusst eingesetzt, um dem Jäger die Mitteilungen zu machen, die der Hund auf Grund besserer Sinnesleistungen in Erfahrung bringt:

- Er ist spurlaut, wenn er auf der Fährte bellt.
- Er gibt Sichtlaut, wenn er das Wild erblickt hat.
- Er gibt Standlaut, wenn er das waidwunde Wild gestellt hat.
- Er signalisiert Totverbellen, wenn das Wild schon tot ist.

Die Mensch-Hund-Sprache

Ihre Antwort auf das Bellen sind das Sprechen mit dem Hund, das Reden mit den Händen, die Gesten der Zärtlichkeit (siehe unten). Wenn Sie sich mit Ihrem Hund unterhalten wollen, müssen Sie zuerst die Barriere des Vor-sich-selbst-Genierens abbauen, denn vermutlich haben auch Sie zunächst Hemmungen, ehe Sie das fröhlich-zärtliche Wortgeklingel über die Lippen bringen, das die Hunde so lieben. Es kommt dabei auf den Singsang, die Stimmlage, das Beruhigende an und nicht auf den Sinn. Ihr Hund wird sich freuen.

Die Gesten der Zärtlichkeit

Da uns zwei der wesentlichen Verständigungsmöglichkeiten des Hundes fehlen – wir können weder mit dem Schwanz wedeln noch die Ohren aufstellen oder anlegen –, ergänzen wir die Sprache durch Gesten, um dem Hund unsere Zuneigung zu zeigen. Wir streicheln ihn, aber nicht mit der flachen Hand. Hunde lieben das Kraulen.

Ich unterscheide sechs Möglichkeiten der Zärtlichkeitsbeweise:

- das Kraulen der Brust, das besonders Rüden lieben;
- das Kraulen der Schwanzwurzel, das wohlige Gefühle auslöst;
- das Kraulen unter dem Kinn, sanft und mit den Fingerspitzen;
- das Reiben der Ohrmuscheln und Kraulen hinter dem Ohr;
- der leichte Klaps und das Tätscheln des Rückens;
- die flache Hand auf Rücken oder Bauch legen und dort eine Zeit lang liegen lassen.

Mit Ohren, Fell und Schwanz verrät der Hund seine Stimmung.

Die Wurfgeschwister üben viele Verhaltensweisen, die für ein Leben im Rudel wichtig sind.

Wenn sich Ihr Hund dann revanchiert, indem er Ihre Hand leckt, lassen Sie ihn. Danach können Sie sich die Hände waschen.

Wie Hunde sich die Meinung sagen

Hunde untereinander haben sehr subtile Methoden, sich die Meinung zu sagen. Das geschieht mit dem ganzen Körper, dem Schwanz, den Ohren und dem Fell.

Wenn ein Hund sich erwartungsvoll auf etwas zubewegt, dann ist alles an ihm positiv und aufwärts gerichtet: Körper, Kopf, Ohren, Hals und Schwanz. Der Hund vergrößert sein Erscheinungsbild. Diese Größe soll den anderen einschüchtern, aus der Erwartungshaltung wird aktive Drohung. Die Verhaltensforscher nennen das Imponiergehabe.

Imponieren: Das bedeutet, die Zähne zu zeigen, ohne sie unbedingt gebrauchen zu wollen; sich größer zu machen, als man ist, indem man das Fell sträubt, den Kopf hochhebt, die Ohren aufstellt, die Beine durchdrückt und den Schwanz steif und manchmal kerzengerade in die Luft reckt. Dazu dreht man dem Gegner die Breitseite zu und starrt ihn an. Durch eine solche Begegnung kann die Rangordnung von zwei Hunden auch ohne Kampf entschieden werden.

Hier möchte ich noch zum Nachdenken anregen: Wenn Größe für den Hund bedeutsam und bedrohlich ist, wie erscheinen dann wir ihm? Je nach Hunderasse sind wir doppelt bis sechsmal so groß. Deshalb mein Rat: Versuchen Sie, Ihre Größe nicht auch noch bewusst einzusetzen, um den Hund zu dominieren. Andererseits können Sie mit einem dominanten Hund durch Ihre Größe besser fertig werden. Beißunfälle mit solchen Hunden geschehen oft, wenn der Mensch hinfällt und dabei seine überlegene Größe verliert.

Die Unterwerfungsgestik: Sie ist das Gegenteil des Imponiergehabes, der Hund will sich nicht auf etwas zubewegen. So wird denn alles nach unten gesenkt, der Kopf, die Ohren und der Schwanz, das Fell liegt glatt an. Der Hund will nicht drohen, er möchte so schnell wie möglich weg.

Was uns die Ohren verraten

Am Besten können wir die Stimmung und die Absicht des Hundes »von den Ohren ablesen«, vor allem bei Hunden mit natürlichen Stehohren. Aber auch ein Spaniel oder Basset mit extremen Hängeohren kann noch einiges damit ausdrücken. Dabei bedeuten

- aufrecht gestellte Ohren Wachsamkeit, Aufmerksamkeit und Selbstvertrauen;
- nach vorn gestellte oder zur Seite gedrehte Ohren Angriffsbereitschaft oder erhöhte Aufmerksamkeit, doch zur Unterscheidung müssen Sie die gesamte Gestik des Hundes betrachten;
- zurück- oder flach angelegte Ohren Unsicherheit.

Was uns der Schwanz verrät

Zwei Seelen wohnen in des Hundes Brust, wenn er mit aufgestellten Ohren bellt und hinten wedelt, etwa bei einem Hund hinter dem Gartenzaun. Er muss sein Revier verteidigen, möchte aber freundlich sein. Wie er letztlich reagieren wird, weiß niemand, im Moment er selber auch nicht.

Im Allgemeinen kann man sagen:

- Je selbstsicherer ein Hund ist, desto bewegter ist sein Schwanz, desto freier pendelt oder wedelt er hin und her.
- Ist der Schwanz hart und unbeweglich, dann ist der Hund zurückhaltend, vorsichtig oder sogar ängstlich. Ein solcher Hund kann aus Angst beißen.
- Ein Hund, der seinen Schwanz eingekniffen trägt, ist eher unterwürfig. Ausnahmen sind die Windhundrassen, bei denen diese Schwanzhaltung zuchtbedingt ist.

Sie dürfen allerdings das Hin- und Herzucken eines aufgereckten Schwanzes nicht mit We-

Die Basis einer jeden Mensch-Hund-Partnerschaft ist ein vertrauensvolles, harmonisches Verhältnis – ob mit einem Hundezwerg (Foto: Chihuahua) oder einem großen Hund.

Durch Beschnuppern an der Nase (oben) oder in der Leiste (rechts) werden Dominanz, Rangordnung und Geschlecht ermittelt.

deln verwechseln. Ein aufgereckter Schwanz bedeutet vorwärts gerichtete Erregung. Hier müssen Sie im Gesicht des Hundes mitlesen. Eine unfreundliche Mimik und ein aufgereckter bewegter Schwanz heißen: Vorsicht. Weitere Kennzeichen dafür sind ein gesträubtes Fell, vor allem an der Schwanzwurzel.

Die Sprache durch das Fell

Ein weiteres Erbe aus der Wolfszeit ist die Fähigkeit, einzelne Partien des Fells zu sträuben. Am deutlichsten ausgeprägt ist das an der Schwanzwurzel und entlang der Wirbelsäule. Wenn sich dort die Haare aufstellen, ist der Hund erregt oder will sagen: »Bis hierher und nicht weiter«. Das »Weiter« würde ein tiefes Knurren auslösen. Wölfe machen dasselbe mit ihren Gesichtshaaren, sie können sich eine regelrechte Drohmaske zurecht sträuben. Gesträubtes Fell und aufrechte Rute als Drohgebärde gehören zusammen. Sinkt die Rute in die Gerade herunter, stimmt das Gesamtbild der Drohung nicht mehr: Der Hund ist unsicher.

Wird das Fell glatt, wirkt der Hund insgesamt kleiner, alles zeigt nach unten: Er gibt auf und unterwirft sich. Am liebsten würde sich der Hund wegmogeln.

Die absolute Geste der Unterwerfung: Der Hund legt sich zusätzlich auf den Rücken.

Wie Hunde sich kennen lernen: der Nasenkontakt

Wenn sich zwei Hunde treffen – auch beim ersten Mal –, stellen sie sich einander mit der Nase vor. Beide gehen mit vorgestreckter Schnauze aufeinander zu, bis sich ihre Nasen fast berühren. Sie beschnuppern sich und stellen dabei fest, ob sie »sich riechen« können. Nach dieser Geruchskontrolle entwickelt sich die freundschaftliche oder ablehnende Haltung zueinander. Die Verhaltensforscher nennen diese Begrüßung »Nasenkontakt«.

Ein selbstbewusster Hund lässt sich nach dem Nasenkontakt mit erhobener Rute sein Analgesicht beschnuppern.

Durch Lecken an den Lefzen nimmt der Welpe Kontakt zum ranghöheren Hund auf (oben).
Dieses Gesicht signalisiert: Bleib weg (links).

Voraussetzung für den richtigen Ablauf des Kennenlernens ist, dass beide Hunde normal sind und ein ungestörtes Verhältnis zu anderen Hunden haben. Jeder Hundebesitzer sollte seinen Hund von klein auf an solche Begegnungen gewöhnen, damit er die Regeln lernt und beachtet.
Wenn Sie allerdings Ihren Hund von jeder Hundebegegnung fern gehalten und dadurch jeden Kontakt unterbunden haben, dürfen Sie sich nicht wundern, wenn Ihr Hund später keinen anderen Hund kennen lernen möchte. Das sind dann die Hunde, die sich vor Angst schreiend jedem Nasenkontakt oder Beschnüffeln entziehen oder die sich kläffend und knurrend auf jeden Hund stürzen.
Junge Hunde kann man mit fast jedem Hund Kontakt nehmen lassen, ihnen droht selten Gefahr. Doch leider sind nicht alle erwachsenen Hunde freundlich zu Welpen. Da sollte man vorher fragen, bevor es zu einer negativen Erfahrung im prägenden Alter kommt.

Verständigung mittels Geruch

Ich habe den Vergleich »Der Hund erriecht die Welt« geprägt, und so besitzt er auch eine Geruchssprache über die Nase, die uns verschlossen bleibt (siehe Seite 71). Schon bei der Hundebegegnung habe ich davon gesprochen. Alltäglich erleben Sie es bei Spaziergängen, wenn der Hund überall schnüffeln und der Rüde sein Bein heben muss. Und dass dies ein Muss ist, darüber sind sich alle Hundefreunde und -kenner einig. Ihrem Hund zu verbieten, das Bein zu heben, bedeutet eine Einschränkung des arttypischen Verhaltens.

Das Beinheben der Rüden dient nicht nur dem Entleeren der Blase, sondern vor allem dem Abgeben geruchlicher Signale für andere Hunde. Dabei geht der Rüde sorgfältig dosiert mit seinem Urin um. Die Verhaltensforscher nennen das bildhaft »markieren«, weil es zunächst dazu dient, die Grenzen des eigenen Reviers abzustecken und für andere Hunde geruchlich zu kennzeichnen. Außerhalb des eigenen Territoriums signalisiert es: »Hier war ich!« – und der Größte ist, wer sein Bein am höchsten heben kann.

Warum der Hund schnüffelt: So wie Menschen sich die Gegend ansehen oder die Zeitung lesen, schnüffelt und schnuppert ein Hund. Denn er erlebt seine Welt in einer Vielzahl von Geruchsbildern, er »sieht« die Welt durch die Nase, und alle Spuren ringsum haben für ihn Nachrichtenwert. Sind es Urinspuren, dann muss ein Rüde die vorhandene Markierung mit seiner Duftmarke überdecken. Es gibt übrigens auch dominante Hündinnen, die das machen. Hunde verewigen sich vor allem da, wo es vorher schon andere gemacht haben. Dieses Sammeln und Verteilen von Duftbotschaften ist für alle Hunde, vor allem aber für Rüden, sehr wichtig. Wenn Sie es verhindern, können Sie ihm, überspitzt gesagt, dadurch seelischen Schaden zufügen.

Hunde schätzen Gerüche, die für Menschen heikel sind. Und da sie eine so gute Nase haben, stellen sie diese Gerüche auch in geringsten Konzentrationen fest. Deshalb brauchen wir uns nicht zu schämen, wenn uns der Hund den Kopf unter den Rock steckt oder an der Hose riecht. Für einen Hund ist der Mensch von einer Wolke von Gerüchen umgeben, aus der er sich seine Lieblingsdüfte herausfiltert. Auch das ist eine Form der Verständigung und des Kontakts.

Der beste Markierer im Revier

Fax war ein Jagdterrier, ein ebenso hübscher wie überzogen selbstbewusster Hund. Meist kam er federnd daher, als ob er vor Kraft kaum gehen könne. Wenn er sein Bein hob, wurde er zum Zirkushund. Ihm war keine Markiermarke zu hoch, um sie nicht auszulöschen. So balancierte er zuweilen auf zwei Beinen, wenn vor ihm ein großer Hund dagewesen war, und manchmal ging er sogar mit seinen Hinterbeinen an einer Wand hoch, um seinen Urin ganz gezielt abzugeben. Er war der beste Markierer weit und breit.

Vom Graben und Scharren

Das aus der wölfischen Vergangenheit stammende Vergraben von Knochen und Fleischresten hatte den Sinn, Vorrat anzulegen und das Fleisch reifen zu lassen. Obwohl der Hund heute nicht mehr auf das Anlegen von Futterreserven angewiesen ist, hat er diese Verhaltensweise bis heute beibehalten. So vergräbt er Futterreste und Spielzeug im Garten. Mit der Nase wird das aufgewühlte Erdreich wieder über die Löcher geschoben. Die gleichen Bewegungen werden auch in der Wohnung gemacht (Scharren auf dem Zimmerboden).

Während der Läufigkeit senden Hündinnen Duftstoffe aus, die Rüden aus Nah und Fern anlocken.

Der Hund und die Liebe

Dies ist ein eher trauriges Kapitel, vor allem für Rüden. Denn bei ihnen sind die sexuellen Bedürfnisse nicht auf eine bestimmte Zeit begrenzt wie bei Hündinnen, sondern sie bestehen das ganze Jahr über. Meist verhindert der Mensch die Paarung oder bestimmt eine Paarung von zwei Hunden, die sich freiwillig nicht unbedingt aussuchen würden.

Ersatzhandlungen gegen sexuelle Frustration

Es kann passieren, dass Hunde ihren Menschen als Sexualpartner ansehen und versuchen, sich mit ihm zu paaren. Oder sie reiten auf jungen oder rangniedrigeren Rüden auf.

Das Aufreiten ist eine Ersatzhandlung und hat nichts mit Sodomie oder Homosexualität zu tun. Es ist der untaugliche Versuch des Hundes, mit seinen Nöten fertig zu werden oder seine Dominanz zu demonstrieren.

Das Beinklammern kann recht peinlich sein: Der Hund klammert sich mit seinen Vorderläufen an ein Menschenbein und führt mit dem Becken kräftige Stöße aus. Menschenbeine sind nicht nur begehrt, weil wir ihm als enge Partner erscheinen, sie sind auch praktischer zu handhaben als ein Kissen. Sie sollten solche Ersatzhandlungen weniger als Ärgernis nehmen als vielmehr Mitleid mit dem Hund haben. Unterbrechen Sie sofort das Verhalten des Hundes, und lenken Sie ihn zum Beispiel durch ein Spielzeug ab. Strenge Strafen sind in einem solchen Fall unangemessen, meist genügt ein Verweis.

Rüde und läufige Hündin

Wenn ein Rüde eine läufige Hündin gerochen hat, flippt er völlig aus. Sicheres Anzeichen, dass der Rüde den Urin einer läufigen Hündin riecht: Er schnüffelt häufig an der Duftmarke, hebt immer wieder den Kopf und starrt in schweigender Konzentration in unbestimmte Ferne, dann klappert er mit den Zähnen: Die chemische Botschaft ist sehr stark. Und nun müssen Sie Ihre Leine gut festhalten, denn der bravste und häuslichste Hund versucht jetzt, zu der unbekannten Liebsten zu kommen.

Im Frühjahr, wenn die Läufigkeiten der Hündinnen in der näheren und weiteren Nachbarschaft zusammenfallen, packt es die Rüden mächtig. Sie werden unruhig und versuchen, eine dieser Hündinnen zu erreichen. Zu diesem Zweck graben sie sich unter Zäunen durch, springen oder klettern über dieselben, entwischen durch die Haustüre, laufen beim Spaziergang davon: alles Dinge, an die sie sonst nie denken würden. Oder aber sie singen mit rundem Maul und in den Nacken gelegtem Kopf ihre Lieder in die Luft, wobei es sie manchmal vorne richtig hoch reißt.

Ein Wort an die Besitzer von Hündinnen

Wenn man die Hündin nicht durch eine Hormonbehandlung von der Läufigkeit befreien will (siehe Seite 60), ist der beste Weg für Besitzer von Hündinnen, sich in dieser Zeit möglichst unauffällig zu machen. Das heißt: Man trägt die Hündin, wenn sie nicht zu schwer ist (sonst bringt man sie ins Auto), aus dem Haus

Zwei, die sich mögen. Da wird auch eng gekuschelt.

zu einem für Rüden unzugänglichen Platz, wo sie sich lösen kann. Denn nur wenn man die Spur zum Haus unterbricht, kann man vermeiden, dass die Rüden vor der Haustür auf der Lauer sind.
Eine grobe Rücksichtslosigkeit ist es, die Hündin in diesem Zustand frei laufen zu lassen. Abgesehen davon, dass von einem bestimmten Zeitpunkt an auch die Hündin wegläuft und streunt, um einen paarungswilligen Rüden zu finden, zwingt man Rüdenbesitzer, mit einem an der Leine zerrenden Hund der verwinkelten Spur der Hündin nachzukeuchen.
Die Läufigkeit ist die zweimal pro Jahr stattfindende Brunst der Hündin, meist im Frühjahr (Januar bis März) und im Herbst (August bis Oktober). Davon gibt es viele Ausnahmen: Kleine Hunde haben einen viermonatigen, große Hunde einen achtmonatigen Zyklus, Basenjis werden nur einmal im Jahr läufig.
Die Läufigkeit hat drei Phasen:

- die ungefähr zehntägige Vorbrunst mit Blutungen;
- die etwa zwölftägige Hochbrunst mit Paarungsbereitschaft;
- die abklingende Nachbrunst.

Anzeichen der Läufigkeit sind ein Anschwellen der Labien und Vagina. Die Hündin markiert mit kleinen Urinbächen; fremde Rüden sind an ihr interessiert bis aufdringlich.
Bei einem geglückten Akt dauert die Paarung von Hündin und Rüde zwischen zehn und 45 Minuten. Der Schwellkörper des Penis wird durch die Vaginalmuskulatur festgehalten. Die Zeit, in der Hund und Hündin unlösbar miteinander verbunden sind, etwa 15 Minuten, bezeichnet man als das Hängen. Dabei schauen Hündin und Rüde nach Lösen der Umklammerung in entgegengesetzte Richtungen. Alle Versuche, das Hängen künstlich zu beenden, sind brutal und können beide Hunde schwer verletzen.

1

Bei ihren Geschwistern finden die Welpen auch Wärme und Geborgenheit.

Eine Hündin wird Mutter

Ich beschreibe dieses Ereignis nicht als Gebrauchsanweisung für Amateurzüchter, sondern um Sie als Hundebesitzer über den Verlauf der Trächtigkeit der Hündin und die Geburt der Welpen zu informieren. Da keine Hündin aus irgendwelchen gesundheitlichen Notwendigkeiten Junge bekommen muss, bitte ich Sie herzlich, dafür zu sorgen, dass es keinen unerwünschten Nachwuchs gibt. Jeder von uns kann dazu beitragen, dass Hundezucht verantwortungsbewusst – das heißt begrenzt – betrieben wird. Sollte es ungewollt passieren, können Sie der Hündin vom ersten bis fünften Tag nach dem »Fehltritt« vom Tierarzt eine Spritze geben lassen, die die Trächtigkeit verhindert.
Wollen Sie die Jungen aufziehen, müssen Sie mit einer durchschnittlichen Tragzeit von etwa 60 Tagen rechnen. Nicht selten kommen die Welpen früher zur Welt. Besprechen Sie die Geburt mit Ihrem Tierarzt, mit jemandem, der

Erfahrung mit Hundegeburten hat, und besorgen Sie sich spezielle Literatur zu diesem Thema (siehe Seite 155).

Trächtigkeit und Geburt

Wird die erfolgreich gedeckte Hündin trächtig, kann der Tierarzt oder ein erfahrener Züchter zwischen dem 22. und 28. Tag die Jungen fühlen oder durch eine Ultraschalluntersuchung feststellen. Nach der fünften Woche wird der Bauch dicker, die Geburt erfolgt im Allgemeinen zwischen dem 60. und 63. Tag, laut Statistik meist um drei Uhr morgens.

Nach dem Spiel kann man bei einer Ruhepause auf Mutters Rücken herrlich entspannen und dösen.

Während der Trächtigkeit sollten Sie darauf achten, dass die Hündin geimpft und entwurmt wird, geschont wird und die qualitativ beste Nahrung bekommt. Richten Sie ihr eine Wurfkiste ein und gewöhnen Sie sie daran.

1 Mit Hilfe ihres gut ausgebildeten Geruchssinnes finden die Welpen das Gesäuge der Mutter. Jeder »erkämpft« sich seine Zitze.

2 Wohlig lässt sich der Welpe von seiner Mutter den Bauch belecken. Dadurch wird die Verdauung angeregt.

3 Durch Lecken an der Schnauze veranlassen die Welpen ihre Mutter, Futter hervorzuwürgen.

An Ihnen liegt es, ob Sie sich trauen, die Geburt ohne Hilfe durchzuführen. Etwa 24 Stunden, bevor die Wehen einsetzen, wird die Hündin unruhig, fängt an zu hecheln und zieht sich in die Wurfkiste zurück. Dann können aber noch Stunden bis zur Ankunft der Welpen vergehen. Sie müssen in dieser Zeit ganz ruhig sein, die Hündin braucht das und spürt Ihre eventuelle Panik. Die Geburt des ersten Welpen dauert am längsten, danach kommen die Welpen in kürzeren Abständen (etwa eine halbe Stunde). Die Hündin nabelt den frisch geborenen Welpen selbst ab und frisst die Fruchthülle und Nachgeburt. Hindern Sie die Hündin nicht daran, sie nimmt dadurch Stoffe auf, die die Geburt beschleunigen.
Solange sich die Hündin ruhig verhält, verläuft die Geburt natürlich. Die Zahl der Welpen ist je nach Rasse sehr verschieden und liegt zwischen einem (Yorkshire Terrier) und zwölf (Beagle).
Halten Sie die Nummer Ihres Tierarztes bereit, falls die Geburt ins Stocken kommt oder Komplikationen auftreten.

Hundebegegnung bis Hundekampf

Ob auf der Straße, im Park oder auf dem Hundeplatz, wenn zwei Hunde zusammenkommen, läuft dieses Treffen immer nach dem gleichen Schema ab.

Die Begegnung

Treffen sich zwei Hunde, gehen sie mit vorgestreckter Schnauze aufeinander zu, bis sich ihre Nasen fast berühren. Dann beschnuppern sie sich. Nach diesem so genannten Nasenkontakt (siehe Seite 81) stellen sich die Hunde parallel nebeneinander und beschnuppern sich am Hinterteil. Solange sie dabei freundlich mit dem Schwanz wedeln, ist nichts zu befürchten.

Bei unzureichender Sozialisierung kann aus Spiel leicht Ernst werden.

Unsichere Hunde halten bei einer Begegnung ihren Schwanz eingeklemmt und meiden den Blickkontakt zum anderen Hund. Auch wenn einer von beiden sein Rückenfell sträubt, muss dies kein Anzeichen für die Bereitschaft zum Kampf sein. Um eine solche Aussage zu machen, muss immer die gesamte Gestik betrachtet werden. Je sicherer der andere ist, um so harmloser die Situation.

Fühlen sich beide Hunde gleich stark und gleichgestellt und einer hört mit dem Wedeln auf, dann wird auch der andere seinen Schwanz steif machen und seine Haare sträuben. Damit signalisiert er: »Das lasse ich mir nicht gefallen.« Beide beginnen, sich langsam im Kreis umeinander zu drehen, wobei sie sich mit den Schultern anrempeln können. Lässt nun einer den Schwanz sinken und bedeckt so sein Analgesicht, dann sagt er damit: »Ich will keinen Ärger!« und die Sache ist ausgestanden. Der andere ist der Ranghöhere. Daraus kann durchaus eine Hundefreundschaft entstehen.

Beginnende Aggression

Gibt keiner nach und wechseln die Hunde in eine T-Stellung über – einer steht quer vor dem anderen –, kann es zur Rauferei kommen, wobei der Hund am Querbalken des »T« der defensive, der am Längsbalken der offensive ist.

Werden die Hunde nicht rechtzeitig getrennt, kann es zum Kampf kommen. So Furcht erregend er auch erscheint, ist er meist doch nicht so ernsthaft. Das gilt allerdings nur, wenn beide Hunde den Umgang mit anderen Hunden gelernt haben und sie die Gesetze des Hundeverhaltens beachten. Eine ungeregelte Beißerei unter instinktschwachen Hunden dagegen kann recht blutig ausgehen.

Je lauter so ein Kampf verläuft, desto ungefährlicher ist er. Verletzungen gibt es dabei meist nur an den Lefzen, wenn die Hunde mit den Zähnen aneinander geraten.

Kämpfen zwei Hündinnen miteinander, verläuft die Auseinandersetzung häufig für das körperliche Wohl der Tiere gefährlicher als bei zwei Rüden; bei Letzteren ist mehr Imponieren dabei.

Das Ende des Kampfes

Wenn sich einer der Hunde unterwirft oder aufgibt, ist der Kampf beendet. Vorausgesetzt, beide Hunde sind instinktsicher.

Die Hundebesitzer können den Kampf nur beenden, wenn sie beide Hunde gleichzeitig trennen. Am Besten ist es, ihnen die Hinterfüße schnell ruckartig und gleichzeitig wegzuziehen. Dabei können Sie von Ihrem Liebling allerdings gebissen werden. Tragen Sie ihm dies nicht nach, im Kampf sind Hunde wie in Trance: Sie hören nichts, sie spüren nichts, sie kennen nur den Gegner.

Den Kampf verhindern

Stehen die Hunde in der T-Stellung, können Sie die Rauferei noch verhindern. Nicht dadurch, dass Sie Ihren Hund aus der Begegnung wegreißen. Damit riskieren Sie den sofortigen Beginn der Rauferei, denn keiner der Hunde darf sein Gesicht

Der überlegene Hund legt dem rangniedrigeren den Kopf auf den Rücken.

1

2

3

verlieren. Lenken Sie stattdessen die Hunde voneinander ab; die Situation und der Gehorsam Ihres Hundes bestimmen die Methode Ihres Eingreifens.

Hunde an der Leine geben viel öfter Anlass zu einer Rauferei als solche, die an Alleinbegegnungen mit anderen Hunden gewöhnt sind. Durch die Leine als verlängerten Arm seines Herrn fühlt sich jeder Hund doppelt so stark. Doch dieses Wissen nützt nur wenig, wenn sich in den Parks, den wahren Plätzen der Hundebegegnungen, der Leinenzwang durchsetzt.

Begegnungen von zwei Rüden enden häufig damit, dass beide Hunde ihr Bein heben. Das gehört zum Ritual und stärkt das Selbstbewusstsein. Dazu sollten Sie Ihrem Hund auch Gelegenheit geben, wenn er angeleint ist.

Merksätze für Hundekontakte:

- Je mehr Hunde ein Hund kennt, um so freier und natürlicher verhält er sich.
- So schnell wird unter Hunden nicht gebissen: Zuerst wird immer gedroht und Theater gespielt.
- Es gibt Rassen, die anderen Hunden gegenüber sehr zurückhaltend sind, wie Foxterrier oder Bullterrier. Sie sollte man nicht behelligen.
- Es gibt nichts Schöneres als Hundebekanntschaften: Eine halbe Stunde gemeinsames Spielen verschafft so viel Bewegung wie ein zweistündiger Spaziergang.

Die Regeln der Hundebegegnung

In der Hundewelt sind die Begegnungen klaren, eindeutigen Gesetzen unterworfen:

- Wer einmal Nasenkontakt gehabt hat, muss beim nächsten Mal den anderen anwedeln, das bedeutet »Hallo Freund« oder anknurren, was »Bleib mir vom Hals« heißen soll. Dass er ihn kennt, hat sein hervorragendes Geruchsgedächtnis gespeichert. Ob er ihn mag oder nicht, können Sie kaum ändern. Und das Warum nie ergründen.
- Sehr selbstbewusste oder große Hunde haben noch eine Möglichkeit: Sie ignorieren gewisse Hunde und gehen an ihnen vorbei, als ob sie Luft wären.

1 Einander gleichgestellte Hunde beginnen sich im Kreis zu drehen.

2 Gibt keiner nach, wechseln sie in die T-Stellung über.

3 Ein Hundekampf sieht oft wilder aus als er ist.

- Das Beriechen der Hinterseite ist erst der nächste Schritt nach dem Nasenkontakt. Diese Analkontrolle ist eine ganz natürliche Sache, denn unter dem Schwanz liegen die so genannten Analdrüsen, die einem Hund über den anderen Auskunft geben. Die Wissenschaftler nennen diese Zone »Analgesicht«, und ein Hund, der es frei und offen mit erhobenem Schwanz jedem anderen Hund zeigt, ist ein selbstbewusster Hund.
- Eine Hündin lässt sich von einem Rüden nur selten das Analgesicht kontrollieren.

Von der Rangordnung der Hunde untereinander hängt es ab, wer beim anderen »Passkontrolle« machen darf. Denn bei Hunden spielt die soziale Einstufung eine wichtige Rolle. Nicht nur im ständigen Zusammenleben gibt es eine Rangordnung, sondern auch bei gelegentlichen Treffs.

Erziehung des Hundes

Als Rudeltier ist Hunden die Bereitschaft angeboren, sich unter- und einzuordnen. Nutzen Sie die Welpenzeit zur Erziehung. Dies gibt dem Hund Sicherheit und erleichtert ihm die Eingliederung in sein Rudel.

Grundkurs für Erzieher

Es gibt zahlreiche Bücher über Hundeerziehung mit unterschiedlichen Ansichten. Ich beschränke mich in diesem Ratgeber auf die wichtigsten Grundübungen. Allgemein gilt: Je früher Sie anfangen, sich mit dem Hund zu beschäftigen, umso besser und leichter ist es, ihm etwas beizubringen. Die ersten Erfahrungen, die ein Hund mit Menschen macht, sind für sein ganzes Leben bestimmend.

Unter Menschen ist das Geheimnis, um gut miteinander auszukommen, dem anderen gegenüber tolerant und freundlich zu sein und gegebenenfalls auch einmal nachzugeben. In der Hundeerziehung sind Autorität und Klarheit das Geheimnis des Erfolgs. Mit Autorität meine ich hier die selbstverständliche Überlegenheit eines Anführers, der konsequent auf der Befolgung seines Willens besteht. Das wiederum in einer Mischung aus liebevollem Einfühlungsvermögen und bestimmender Strenge, die jedoch von Lob übertroffen wird.

Bei allen Erziehungsübungen sollte das Klima freundlich sein. Deshalb müssen Sie neben Autorität folgende Eigenschaften haben:

Viel Geduld: Wie begriffsstutzig oder ablenkbar sich Ihr Hund auch erweist, Sie dürfen nie die Nerven oder die Lust verlieren und müssen die Freude an jeder Übung behalten.

Konsequenz: Machen Sie jede Übung so oft, bis sie wirklich sitzt. Eine Übung dürfen nur Sie beenden. Wiederholen Sie die Übung immer wieder, später in Form eines Rituals.

Freundlichkeit: Die Stimmung während der Übungen soll harmonisch und freundlich sein, was aber nicht heißt, dass dem Hund alles erlaubt ist.

Entspanntsein: Üben Sie entkrampft und ruhig mit dem Hund, dann gelingen die Übungen umso leichter.

Schulen Sie Ihre Stimme ein wenig so, als wollten Sie die Schauspielprüfung ablegen. Üben Sie so lange, bis Sie Befehl, Lob und Tadel im richtigen, dem Hund verständlichen Tonfall ausdrücken können. So erkennt der Hund, ob Herrchen oder Frauchen entschlossen, zufrieden oder unzufrieden ist. Verwenden Sie immer die gleichen Worte. Beim Loben sollte Ihre Stimme freundlich singen und klingen.

Kontrollieren der Bewegungen: Dies ist äußerst wichtig, denn Hunde sind Meister im Verstehen der Körpersprache. Stimmen Körpersprache und gesprochener Befehl nicht überein, wird der Hund schnell unsicher.

Die Veranlagungen des Hundes

Im Spiel lernen, das ist das große Erfolgsgeheimnis aller sozialen Wesen. Hunde lernen für ihr Leben gern. Die Natur hat ihnen Anlagen mitgegeben, die die Erziehung zur Folgsamkeit leicht machen. Anlagen, die erklären, warum gerade der Hund zu unserem liebsten Haustier geworden ist. Da gibt es

- den Meutetrieb, das Bestreben, sich einer Gruppe anzuschließen;
- die Unterordnungsbereitschaft, weshalb das Zusammenleben in der Gruppe funktioniert (der Hund unterwirft sich – ähnlich wie bei Wölfen – zunächst seinem Vater, später dem Rudelführer; nun haben Sie diese Rollen übernommen und müssen sie ausfüllen, das erwartet Ihr Hund);
- die Führigkeit, die Veranlagung, innerhalb einer Gruppe (Familie) den angewiesenen Platz einzunehmen und immer wieder zur Gruppe zurückzukommen;
- ein sehr gut funktionierendes Wahrnehmungsvermögen;
- eine wache Aufmerksamkeit;
- eine gute Auffassungsgabe;
- ein ordentliches Gedächtnis (hierzu muss man wissen, dass ein Hund nur die direkt aufeinander folgenden Ereignisse miteinander verknüpfen kann);
- die Liebe und Zuneigung, die ein Hund seinem Menschen entgegenbringt. Sie machen ihn zum hoch motivierten Schüler und sind ein Grund für den Lernerfolg.

Lob als Grundlage

Während der Erziehungsübungen, ob mit dem Welpen oder mit dem erwachsenen Hund, soll zwischen Mensch und Hund Harmonie herrschen. Je entspannter der Mensch, umso lernwilliger der Hund. Lob baut jeden Hund auf, motiviert ihn und macht ihn glücklich. Während einer Übung wird nur mit Worten gelobt, ein Tätscheln oder Kraulen würde den Hund ablenken und aus der Übung reißen. Wie ich schon sagte, ein Lob muss singen und klingen.

Hund und Erziehung

Merksätze für die Erziehung des Hundes

✔ Setzen Sie Ihre Stimme richtig ein, und geben Sie Hörzeichen nur einmal.

✔ Verwenden Sie einfache Hörzeichen und immer die gleichen.

✔ Verstärken Sie im richtigen Moment mit Lob oder Korrektur, und üben Sie das Timing.

✔ Setzen Sie zusätzlich zur Stimme Leckerlis ein.

✔ Verlangen Sie in den Übungen nur das, was unmittelbar erreicht werden kann.

✔ Es ist besser, erwünschtes Verhalten durch Lob oder Leckerlis zu verstärken, als unerwünschtes zu bestrafen.

✔ Sollte eine Zurechtweisung nötig sein, muss sie ganz genau im richtigen Augenblick erfolgen, damit sie vom Hund auch verstanden wird.

✔ Besuchen Sie mit Ihrem Welpen so genannte Welpenspielgruppen. Dort erhalten Sie nicht nur Tipps zum richtigen Ausführen von Übungen und zum artgerechten Umgang mit dem Hund, sondern der Welpe lernt gemeinsam mit Gleichaltrigen unbekannte Situationen zu erkunden.

Befehle in exaktem Tonfall

Deutlich vom Lob und der Lobstimme abgesetzt sollen die Befehle und Kommandos erfolgen. Ihre Einsilbigkeit, wie »Komm«, »Platz« oder »Sitz«, verlangt nach einem klaren, eindeutigen Tonfall. Befehle sind ernst gemeint, und so sollen sie auch klingen. »Bitte« ist kein Wort in der Mensch-Hund-Verständigung, wie höflich Sie auch von Natur aus sein mögen.

Auch wenn der Tisch tabu ist, man kann ja mal nachschauen.

Der Tadel soll Schärfe haben

Der Tadel, das »Pfui« oder »Nein«, sollte scharf akzentuiert werden, in knappem, durchdringendem Tonfall. Dies setzt man zur negativen Verstärkung eines Verhaltens ein, wobei diese Worte auch mit einem negativen Reiz verknüpft sein sollten (etwa einer scheppernden Blechdose oder dem Schnauzengriff).

Muss Strafe sein? Immer wenn es darum geht, dem Hund etwas abzugewöhnen, müssen Sie das unerwünschte Verhalten ignorieren oder eine Situation erfinden, die ihm den Eindruck vermittelt, die unangenehmen Folgen kämen von der unerlaubten Tätigkeit. Das ist leichter, als es scheint. Sie können den Hund täuschen, wenn Sie Ihre Mimik und Bewegungen unter Kontrolle behalten und schweigen.

Aktionen zur Bestrafung, wie Schlagen, Nackenschütteln und gewaltsames Auf-den-Rücken-Drehen sollten der Vergangenheit angehören. Artgerecht ist der Griff über den Fang, der Schnauzengriff mit dem Wort »Pfui«. Wenn es stärkerer Zurechtweisung bedarf, nimmt man den Hund am Nacken und drückt ihn sanft zu Boden.

Die Entwicklungsphasen der Welpen

Am Besten klappt die Erziehung, wenn bestimmte Übungen in bestimmten Zeiträumen abgehalten werden: den Entwicklungsphasen des Welpen, in denen er für sein ganzes Leben geprägt wird. Die Forscher J. P. Scott und J. L. Fuller haben das herausgefunden, Eberhard Trumler hat die Untersuchungen ausgebaut und vor allem popularisiert. Genauso wichtig wie die Ausnutzung des ersten Lebensjahres für die Erziehung ist die Lebenszeit bis zur zehnten Woche, in der der Welpe bei seiner Mutter und seinem Züchter war.

Achten Sie deshalb beim Kauf darauf,

- dass die Welpen in einer Umwelt leben, die der ähnlich ist, die Ihr Welpe bei Ihnen vorfinden wird;
- ob die Hunde in Ruhe aufwachsen und nicht in einer stressigen Umgebung leben;
- dass die Welpen viel Kontakt mit Menschen haben.

Von der 8. bis zur 16. Woche: die Sozialisierungsphase

Diese Zeit, in der der Welpe zu Ihnen kommt, ist wichtig für das spätere Sozialverhalten des Hundes Menschen und Hunden gegenüber. Er muss genügend Gelegenheit bekommen, mit Menschen und anderen Hunden positive Erfahrungen zu machen. Besuchen Sie deshalb mit ihm Welpenspielstunden und die Hunde-

In den ersten Wochen wird der Welpe für sein Leben geprägt.

wiese der Stadt. Auch sollte er regelmäßig fremde Menschen sehen und Radfahrer und Jogger kennen lernen; das Verfolgen müssen Sie sofort unterbinden.

In dieser Phase findet prägungsähnliches Lernen statt. Was der Welpe jetzt kennen lernt, ist für ihn später selbstverständlich. Also nutzen Sie die Chance, ihn mit möglichst vielem bekannt zu machen.

- Er sollte sich überall anfassen lassen (Zahnkontrolle, Fiebermessen, Ohrenputzen etc.) und seinen Tierarzt in Verbindung mit Leckerlis kennen lernen.
- Er sollte Briefträger kennen lernen und mit etwas Positivem assoziieren (Leckerli vom Briefträger).
- Er sollte mit verschiedenen Haushaltsmaschinen vertraut gemacht werden.
- Das Autofahren sollte ihm beigebracht werden und das Spazierengehen in verkehrsreichen Straßen.
- Auf dem Programm sollten auch stehen die Gewöhnung an Bus und Zug, Aufzüge, Brücken, verschiedene Untergrundarten, Wasser sowie Begegnungen in der Dunkelheit und mit anderen Tieren.

Es sind Wochen, die für Sie und den Welpen ein volles Programm bedeuten. Er darf jedoch nicht überanstrengt werden.

In dieser Zeit lernt der Welpe auch seinen Namen, was sein Schlafplatz ist, die Stubenreinheit und das Alleinsein, außerdem die Befehle »Komm«, »Sitz«, »Platz«, »Aus« sowie an der Leine zu gehen. Üben Sie nie länger als eine Viertelstunde. Konsequenz und Geduld sind jetzt die wichtigsten Erziehungsmittel.

Welpenzeit ist Spielzeit: Alles wird erforscht.

1

Von der 17. bis zur 24. Woche: das Umgebungsbewusstsein

Dies ist eine kritische Zeit. Der Hund erfasst den Lebensraum, in dem er lebt, und reagiert auf alle Veränderungen nervös und ängstlich. Bringen Sie ihm jetzt nichts Neues bei, sondern vertiefen Sie alles Gelernte.

Zwischen dem fünften und sechsten Monat (20. bis 24. Woche) beginnt der Hund selbstständig zu werden: Nach der Vorschulzeit ist er nun »schulreif« geworden und benötigt eine feste Hand und noch mehr Geduld. Jetzt können Sie ihm das richtige Gehen an der Leine beibringen mit Wenden, Anhalten und Setzen (siehe Seite 96). Gehen Sie in eine gute Hundeschule: Es ist viel leichter, mit anderen zu lernen und zu üben, wenn man genau gezeigt bekommt, wie es geht.

Vom 6. bis 12. Monat: die Pubertätsphase

In dieser Phase benimmt sich Ihr Hund flegelhaft. Er versucht, manches »Gelernte« zu vergessen, sich aufzulehnen und probiert, ob Sie wirklich sein Rudelchef sind. Wenn Sie ihn jetzt nicht zu grundsätzlichem Gehorsam erziehen, haben Sie ihn verzogen.

Ab dem siebten Monat hebt der Rüde sein Bein, und die Hündin kann zum ersten Mal läufig werden. Theoretisch sollte der Hund an der Leine oder frei laufend allen Ihren Kommandos Folge leisten können.

Hier habe ich Ihnen in Kurzfassung erläutert, was Sie Ihrem Welpen am Besten beibringen. Trotzdem gilt: Je früher Sie mit der Erziehung eines Hundes beginnen, umso leichter ist es für Sie und den Hund und umso besser wird er sein Leben lang das Gelernte beherrschen. Sollten Sie sich einen schon älteren Hund angeschafft haben, müssen Sie nicht verzagen. Da Hunde bis ins hohe Alter lernfähig bleiben, steht nichts im Wege, ihm auch jetzt noch zum Beispiel das richtige Gehen an der Leine ohne Zerren und Ziehen beizubringen.

In einer harmonischen Mensch-Hund-Beziehung kommt der Welpe auf Zuruf freudig angelaufen.

1 In der Sozialisierungsphase sollten Sie dem Welpen auch viel Kontakt zu erwachsenen Hunden ermöglichen.

2 Neugierig erkundet der Welpe, was die Welt zu bieten hat.

3 Im Spiel mit anderen Hunden lernen die Welpen innerartliche Verhaltensweisen, wie dominieren und sich unterwerfen.

Die Erziehung des Welpen

Abholen und Eingewöhnen: Besuchen Sie den Züchter, bei dem Sie Ihren Welpen kaufen wollen, mindestens zweimal: Wenn Sie sich Ihren Welpen aussuchen und wenn Sie ihn abholen. Können Sie Ihren Welpen zwischendurch besuchen und mit ihm etwas spielen, ist das umso besser. Mit acht bis zehn Wochen kommt er zu Ihnen.

Wenn Sie ihn mit dem Auto abholen, nehmen Sie eine zweite Person mit, die fährt, während Sie sich um den Welpen kümmern. Achten Sie darauf, dass ruhig gefahren wird: Der Hund soll nicht zusätzlich zur Trennung von der Mutter und den Geschwistern auch noch vom Autofahren abgeschreckt werden. Eine feuchtigkeitsundurchlässige Decke ist nützlich und ein Tuch aus dem Zwinger, damit es unterwegs nach zu Hause riecht.

Während der ersten Nächte müssen Sie konsequent sein; der Welpe muss an seinen Schlafplatz gewöhnt werden. Bestimmen Sie, wo er bei Ihnen schlafen soll. Wenn er heult und jault, beruhigen und streicheln Sie ihn ein wenig, bleiben Sie aber nicht zu lange bei ihm. Nach einigen unruhigen Nächten geht dann die Eingewöhnung ihren natürlichen Gang. Zur Gesundheitsfürsorge des Welpen siehe »Der kranke Hund«, Seite 57.

Geben Sie dem Welpen beim Anlegen der Leine ein Leckerli, dann verbindet er Sie mit etwas Positivem.

Erziehung zur Stubenreinheit

Sauberkeit und Stubenreinheit sind das erste, was wir dem Welpen beibringen, weil es für das Zusammenleben doch sehr wichtig ist, dass der Hund nicht in die Wohnung macht. Stubenrein, das heißt, dass der Hund sich nur auf Spaziergängen oder im Garten entleert und ankündigt, wenn er zwischen diesen Zeiten einen Drang verspürt.

Es dauert bis zu sechs Wochen, bis der Welpe so weit ist. Wochen mit Konsequenz. Da der gefüllte Magen den größten Druck auf die Blase ausübt, muss der Welpe unmittelbar nach jeder Mahlzeit ausgeführt werden. Tragen Sie ihn an einen Platz mit Gras oder weichem Untergrund, wo andere Hunde auch schon waren. Diesen »Stammplatz« behalten Sie bei, dann wird er schon bald begreifen, was Sie von ihm erwarten.

Lassen Sie dem Welpen Zeit und achten Sie darauf, dass er Urin und Kot absetzt. Wenn Sie dabei »Mach schön« oder »Pipi machen« sagen, weiß der Hund später bei dieser Aufforderung, was gemeint ist. Verlieren Sie nicht die Geduld, wenn er draußen nichts gemacht hat, das aber in der Wohnung nachholt. Lassen Sie ihn sein Geschäft an der Leine machen, auch wenn Sie einen Garten haben. Dann ist er das gewohnt, und man hat ihn auch später unter Kontrolle. Loben Sie ihn überschwänglich und liebevoll nach jedem richtig vollbrachten Geschäft. Aber erst, wenn er wirklich fertig ist.

Wacht der Welpe auf oder wird er unruhig, gehen Sie sofort mit ihm hinaus, damit er sich lösen kann. In der Nacht stellen Sie sein Lager dicht neben Ihrem Bett auf, damit Sie hören, wenn er wach wird. Dann heißt es wieder aufstehen und schnell sein.

Macht er in die Wohnung und Sie sind dabei, waren Sie nicht schnell genug, oder Sie haben die Hinweise des Welpen (am Boden schnüffeln, sich suchend im Kreis drehen) nicht bemerkt. Dafür darf er nicht bestraft werden. Ein lauter Schrei und Händeklatschen reichen vollkommen aus. Der Welpe sollte dann sofort hinausgebracht werden.

Jedes »Malheur« wird kommentarlos weggewischt, die Stelle mit einem Desinfektionsmittel oder Essigwasser gesäubert. Dessen Geruch verleidet es dem Hund, zum Wiederholungstäter an gleicher Stelle zu werden. Den Welpen als Strafe mit der Nase in sein Pfützchen zu tauchen, sollte der Vergangenheit angehören.

Je mehr Sie sich mit Ihrem Welpen beschäftigen, desto enger wird die Bindung.

Allein bleiben lernen

Das Alleinbleiben bringt man einem Welpen bei, indem man ihn täglich ein paar Minuten allein lässt und dies dann von Tag zu Tag um einige Minuten steigert. Kommen Sie erst wieder in den Raum, wenn der Welpe still ist, sonst meint er, sein Weinen hätte Sie zurück-

gebracht; dadurch würden Sie ihm das Winseln antrainieren.
Ideal für die ersten Übungen ist ein Welpe, der satt und müde ist und nicht hinaus muss.

Gewöhnung an Halsband und Leine

Mit der Grundschulung in Stubenreinheit hat der Welpe das Halsband kennen gelernt und auch die Leine. Das Halsband ist für ihn zunächst ein lästiger Fremdkörper, den er abstreifen möchte. Die Leine empfindet er als Einschränkung seiner Bewegungsfreiheit, er wird an ihr nach vorn zerren und nach hinten sich sträuben. Beides aber muss er tragen und ertragen lernen, denn frei laufen kann ein Hund erst dann, wenn er jeden Befehl befolgt.
Man gewöhnt den Hund an das Halsband, in dem man es ihn zunächst nur für kurze Zeit tragen lässt, am Besten beim Spiel und beim Essen, weil er dann durch Angenehmes abgelenkt ist. Hat er sich an das Halsband gewöhnt, leinen Sie ihn an.
Erste Leinen-Geh-Übungen machen Sie an einem vertrauten Ort in der Wohnung oder im Garten. Lassen Sie sich von ihm führen, loben Sie nur und ziehen Sie nicht. Wenn jetzt einer zerren darf, ist es der Hund. Der Trick dabei: Der Hund muss annehmen, dass nicht Herr und Leine den Zug auf ihn ausüben, sondern dass er es tut, weil er sich sträubt.
Anmerkung: Weder Halsband noch Leine sind ein Spielzeug; lassen Sie den Hund nicht darauf herumkauen.

Die richtige Erziehung

»Leinenführigkeit«

Einem Hund abzugewöhnen, dass er an der Leine zerrt, ist schwierig und sollte das Ziel einer jeden Erziehung sein. Der Hund muss lernen, dass angeleint sein bedeutet, bei Ihnen zu bleiben. Sobald der Hund nur leicht an der Leine zieht, sollten Sie reagieren. Entweder bleiben Sie stehen oder ändern die Richtung. Dadurch muss sich der Hund Ihnen zuwenden. Loben Sie ihn dafür und gehen weiter.
Wenn Sie das Locker-an-der-Leine-Laufen mit einem Hörzeichen (zum Beispiel »Langsam«) verbinden, lernt der Hund bald, nur darauf richtig zu reagieren.
Auch durch Einsatz eines Kopfhalfters (Follow me, siehe Seite 99) lässt sich dem Hund das Zerren an der Leine schnell abgewöhnen.

»Gehen an der Leine«

Der Hund soll links neben Ihnen gehen. Nehmen Sie die Leine in die rechte Hand, der Hund sitzt an Ihrer linken Seite. In Ihrer lin-

Der Dackel, der biss

Ein junges Ehepaar schaffte sich einen Dackel an. Bald verteidigte er knurrend sein Futter, was seine Menschen niedlich fanden. Dann biss er sie, wenn sie es ihm wegnehmen wollten. Dies ist ein natürliches Verhalten. Der Fehler der Menschen war, dass sie dem Dackel nicht gleich zeigten, wer im Familienverband der Ranghöhere ist. In der Meute darf der Ranghöhere dem Rangniederen Futter wegnehmen, das hat er ihm mehrfach und lange durch Strafen klargemacht. Der nicht bestrafte und dadurch sehr selbstbewusst gewordene Dackel suchte sich auch selber seinen Ruheplatz: erst unter, dann auf dem Bett seines Frauchens. Von nun an durfte sich der Ehemann diesem Platz nicht mehr nähern, er wurde sofort gebissen. Das Ehepaar war verzweifelt: Der Tiertherapeut erklärte ihnen, wie sie die Rangherrschaft des Dackels durch Strafe brechen konnten. Das gelang innerhalb von 14 Tagen. Seitdem leben Hund und Familie zufrieden miteinander.

ken Hand halten Sie ein Leckerli. Motivieren Sie den Hund, indem er daran schnuppern darf. Dann marschieren Sie los und sagen das Kommando »Bei Fuß«, der Hund läuft freudig mit. Loben Sie ihn, vermindern Sie aber nicht das Tempo. Dabei ist es ziemlich gleichgültig, ob »seine Vorderläufe in der Höhe der Beine seines Herrn sind«, wie es in den üblichen Ausbildungsanleitungen heißt. Wichtig ist, dass er freudig mitläuft, ohne zu ziehen.

Nach einigen Metern bleiben Sie stehen, lassen den Hund sitzen und belohnen ihn. Wiederholen Sie die Übung auf jedem Spaziergang, wechseln Sie dabei auch ohne Kommando die Richtung und das Tempo. Da die Leine vor Ihrem Körper von rechts nach links liegt, können Sie den Hund mit Leckerlis animieren, Ihnen zu folgen. Da alles flott geschieht, macht es dem Hund Spaß, und er kommt freudig mit. Klappt das einigermaßen, erweitern Sie die Übung.

»Anhalten und Setzen«

Wenn Sie stehen bleiben, soll sich der Hund setzen, auch ohne Kommando. Das ist vor allem beim Überqueren von Straßen wichtig.

Halten Sie die Leine in der linken Hand, in der rechten Hand halten Sie ein Leckerli. Gehen Sie langsamer und bleiben Sie dann stehen. Vielleicht setzt sich Ihr Hund jetzt schon von selbst, um besser zum Leckerli aufschauen zu können. Sagen Sie dann das Kommando »Sitz« und loben ihn.

Wenn sich der Hund nicht setzt, halten Sie die Leine leicht gespannt und drücken sein Hinterteil sacht nach unten, bis er sich setzt. Dabei muss er parallel zu Ihnen sein und noch den Kopf hoch halten. Dann lockern Sie die Leine langsam und vorsichtig und sagen dabei »Brav Siiitz«. Warten Sie eine Sekunde, und beenden Sie die Übung durch Lob.

Die Übung ist nur dann wirklich beendet, wenn der Hund sitzen geblieben ist. Sonst brechen Sie mit »Neiiin« ab und fangen wieder von vorn an. Je exakter und pingeliger Sie das machen, umso mehr gehen die Übungsabläufe wie ein Ritual in den Hund über – und Hunde lieben Rituale. Sie können diese Übung mit einem Sichtzeichen unterstützen, etwa mit erhobenem Zeigefinger, wenn Sie dieses jedes Mal beim Kommando »Sitz« zeigen.

Mit dem Sichtzeichen des erhobenen Zeigefingers unterstützen Sie die Übung »Sitz«.

Wird der Welpe müde, beenden Sie die Übung.

Dieses Gehen-Wenden-Anhalten-Setzen sollten Sie auf jedem Spaziergang üben. Wollen Sie eine Straße überqueren, lassen Sie den Hund sich setzen, lösen Sie den Befehl mit einem »Los!« oder »Dalli!« auf, überqueren mit ihm schnell die Straße und halten drüben wieder kurz mit Setzen an. So merkt er, dass die Übung erst auf der anderen Straßenseite beendet wird, und bleibt aufmerksam.

»Liegen«

Ein Hund, der sich wunschgemäß hinsetzt, legt sich auch hin. Als Kommando hierfür ist auch »Platz« gebräuchlich, doch achten Sie darauf, dass Sie dieses Kommando nicht auch dafür verwenden, wenn Sie den Hund in der

1 So geht der Hund richtig an der Leine neben Ihnen.

2 Auf das Kommando »Sitz« und das Sichtzeichen Zeigefinger setzt er sich.

3 Mit der abwärts gerichteten Hand bedeuten Sie dem Hund, sich hinzulegen.

4 Will das »Liegen« nicht klappen, üben Sie so, dass der Hund unter Ihrem angewinkelten Bein durchkriechen muss.

Wohnung auf seinen Platz schicken wollen. Sie können auch »Liegen« sagen.
Der Hund sitzt neben Ihnen. Gehen Sie in die Hocke, dann locken Sie ihn in die liegende Position, indem Sie ein Leckerli vor seiner Nase am Boden entlangführen. Sagen Sie dabei das gewählte Kommando, und loben Sie ihn, wenn er liegt. Das entsprechende Sichtzeichen dazu ist die abwärts gerichtete Hand. Wenn der Hund das Leckerli gefressen hat, lassen Sie ihn wieder sitzen.
Legt sich der Hund nicht richtig hin, können Sie sich eines Tricks bedienen, der so genannten passiven Einwirkung: Dabei sitzt der Hund vor einem Hocker. Sie führen das Leckerli am Boden entlang, aber unter dem Hocker durch. Um an die Belohnung zu kommen, muss der Hund unter den Hocker kriechen, und schon liegt er. Nennen Sie das Kommando und geben Sie dem Hund das Leckerli. Statt unter dem Hocker können Sie den Hund auch unter Ihrem angewinkelten Bein durchkriechen lassen.
Will der Hund gleich wieder aufstehen, halten Sie ihn mit einem weiteren Leckerli im Liegen.

»Liegen und Bleib«

Von der Übung »Liegen« können Sie in die Übung »Liegen und Bleib« überleiten. Dabei soll der Hund so lange liegen bleiben, bis Sie ihn dazu auffordern, zu sitzen oder zu kommen, auch wenn Sie sich von ihm entfernen. Diese Übung ist zum Beispiel beim Tierarzt nützlich, vor allem wenn der Hund sich auf dem Untersuchungstisch hinlegen und dort bleiben soll, auch wenn Sie weggehen.
Der Hund liegt vorschriftsmäßig. Machen Sie ihn auf sich aufmerksam, etwa durch ein aufmunterndes Wort oder ein Leckerli, und sagen Sie zu ihm »Liegen und bleib«. Dazu halten Sie ihm als Sichtzeichen die flache Hand vor das Gesicht. Gehen Sie dann einige Schritte weg von ihm, drehen sich zu ihm um und kehren wieder zu ihm zurück. Hat der Hund im Liegen gewartet, bekommt er zur Belohnung das Leckerli. Lassen Sie zum Abschluss den Hund sitzen und dann aufstehen.
Dehnen Sie die Übung allmählich aus, indem Sie sich immer weiter vom Hund entfernen – aber nur bis auf maximale Leinenlänge. Üben Sie mit viel Lob und so lange, bis die Übung reibungslos klappt.
In entsprechender Weise können Sie auch »Sitz und Bleib« üben.

Erziehungsübungen

Erziehungsübungen sind wichtig, denn in Gefahrensituationen muss Ihr Hund auf knappe Kommandos sofort reagieren. Zudem machen gute Umgangsformen Ihren Hund zu einem angenehmen Begleiter. Sie können ihn überall mit hinnehmen, ob in die Stadt oder in ein Restaurant, wenn er aufs Wort gehorcht.

Vergessen Sie beim Üben nie, den Hund zu loben, wenn er etwas richtig gemacht hat. Und lösen Sie die

Halten Sie dem Hund die flache Hand vor das Gesicht, heißt das »Bleib«.

Befehle wieder auf – am Besten durch immer das gleiche Kommando, zum Beispiel »Dalli« –, indem Sie den Hund zuerst sitzen lassen und dann laufen oder spielen.

»Bleib«

Das Kommando »Bleib« benutzen wir, wenn der Hund in einem Raum bleiben soll, Sie aber hinausgehen. Dazu muss der Hund aber bereits die Übung »Liegen und Bleib« richtig ausführen.

Und so üben Sie: Lassen Sie dazu den Hund liegen, wie auf Seite 97 beschrieben. Dann halten Sie dem Hund die flache Hand vors Gesicht und sagen dazu den Befehl »Bleib«. Dann ziehen Sie die Hand langsam zurück, entfernen sich etwas vom Hund und gehen hin und her. Verlässt der Hund seine Position, schieben Sie ihn unter »Bleib« auf seinen Platz zurück. Üben Sie das immer wieder, indem Sie die Entfernung zum Hund immer stärker erweitern und auch manchmal hinter ihm vorbeigehen, so dass er Sie nicht sehen kann.

Sobald er dies entspannt liegend kann, können Sie dazu übergehen, den Raum kurzfristig zu verlassen.

»Platz«

»Geh Platz« heißt für den Hund, seinen Korb oder den ihm zugewiesenen Platz aufzusuchen und dort zu bleiben.

Und so üben Sie: Am Besten ist es natürlich, wenn der Hund freiwillig dorthin geht, dann sagen Sie »Platz« und loben ihn. Kombinieren Sie das Kommando mit dem Sichtzeichen des ausgestreckten Arms in Richtung Platz.

Beachtet der Hund das Kommando nicht, führen Sie ihn zu seinem Platz und führen dort mit ihm die Übung »Liegen« (siehe Seite 96) durch, an die Sie sofort die Übung »Liegen und Bleib« (siehe Seite 97) anschließen.

Variieren Sie Ihre Stimme beim Kommando »Platz« von sanft bis energisch, je nach der Situation. Halten Sie dabei den Hund mit der linken Hand auf seinem Platz fest, am Anfang richtig, dann symbolisch, indem Sie die Hand frei über ihm halten. Entfernen Sie sich langsam von ihm mit dem Kommando »Bleib« und dem zugehörigen Sichtzeichen der flachen Hand.

»Komm«

Das Befolgen des Kommandos »Komm«, das den Hund zum Hundebesitzer holt, ist meist eine einfache Übung. Da der Welpe bei seinem Frauchen/Herrchen bleiben will, müssen Sie nur von ihm weggehen und dabei »Komm« sagen. Das klappt in kurzer Zeit.

Dehnen Sie das Kommando aus, etwa auf die Fütterung. Während jemand mit dem Welpen spielt, bereiten Sie seine Mahlzeit vor. Dann rufen Sie ihn mit »Komm«. Klar, dass Sie kräftig loben, wenn er kommt.

Bauen Sie diesen Befehl in den Tagesplan ein, indem Sie den Hund immer mal wieder zu sich rufen, anfangs nur in der Wohnung, später auch draußen.

»Aus«

Dieses Strafwort benutzen Sie, um den Hund zu veranlassen, das, was er im Fang hat – ob Spielzeug, Knochen oder etwas Undefinierbares –, jederzeit und ohne Murren herzu-

Mit »Platz« schicken Sie den Hund in seinen Korb oder auf seinen Platz.

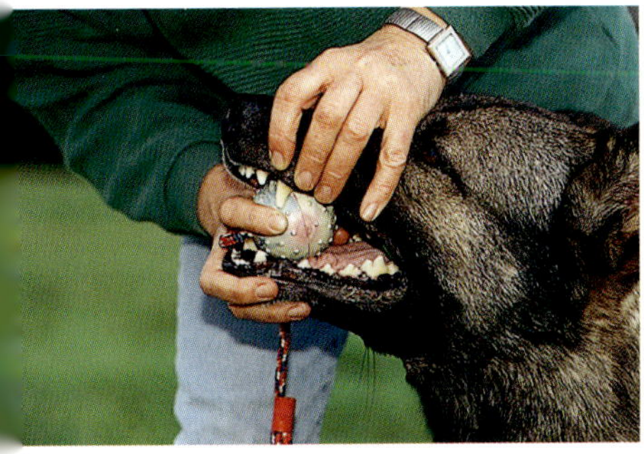

Auf das Kommando »Aus« muss der Hund den Ball hergeben.

geben. Das ist zwar gegen seine Natur, kann aber lebensrettend sein. Ich denke an einen spitzen Wildknochen, an ein Stück Plastik oder einen Giftköder. Je jünger der Hund ist, mit dem Sie üben, umso leichter ist es für Sie, ihm eindrucksvoll die Beute abzunehmen.

Und so üben Sie: Gehen Sie zum Hund und nehmen ihm den Gegenstand, den er gerade trägt, mit dem Kommando »Aus« aus dem Maul. Wenn er den Gegenstand hergibt, loben Sie ihn. Wenn er knurrt, fassen Sie mit festem Griff von oben über seine Schnauze, drücken dabei die Lefzen sanft gegen die Zähne und zwingen ihn so, den Fang zu öffnen. Sagen Sie dabei das Kommando »Aus«. Loben Sie den Hund. Das machen Sie so oft, bis es klappt.

Variante: Sie geben dem Hund im Tausch für den losgelassenen Gegenstand ein Leckerli.

Sollte der Hund die Taktik anwenden wegzulaufen, dann sollten Sie an der Leine üben, so dass er sich nicht aus Ihrem Einflussbereich entfernen kann.

Diese Übung muss wirklich sitzen, denn der Kampf um die Beute mit einem erwachsenen Hund, vor allem einer großen Rasse, ist wesentlich schwieriger als bei einem kleinen Welpen.

»Pfui«

Dies sagen Sie bei allem, was der Hund nicht soll. »Pfui« ist:

- Unrat aufnehmen;
- sich im Schmutz wälzen;
- fremde Leute anspringen;
- bei jedem Geräusch bellen;
- etwas stehlen – nicht etwas gestohlen haben, denn hier hilft das »Pfui« nur bei der Tat selbst.

Das »Pfui« wird in scharfem Ton ausgesprochen, es kann durch Aufstampfen mit dem Fuß oder durch Händeklatschen verstärkt werden. Bei besonders sturen Hunden hilft manchmal nur ein »Pfui« mit einer fallenden Blechdose.

»Auto«

Gewisse Regeln für das Ein- und Aussteigen in ein Auto muss der Hund lernen. Das Einsteigen, damit er sich von Fremden nicht in deren Auto locken lässt, und das Aussteigen, damit er den Verkehr nicht gefährdet.

Und so üben Sie: Bevor der Hund einsteigen darf, muss er sich vor der geöffneten Wagentüre hinsetzen. Sagen Sie dazu »Stopp«, und halten Sie als Sichtzeichen die flache Hand vors Gesicht. Den Weg ins Auto geben Sie mit dem Kommando »Spring« frei. Wichtig ist, dass der Hund ohne die Kombination von »Stopp« und »Spring« nicht ins Auto darf beziehungsweise nicht ins Auto springt.

Beim Aussteigen ist es umgekehrt: Sie öffnen die Tür mit dem Kommando »Platz« oder »Bleib«, heraus darf der Hund erst auf »Komm«.

Ein Hund, den man ans Auto gewöhnt hat (siehe Seite 44), wird es als erweitertes Revier betrachten und gegen Fremde verteidigen, wie die Wohnung oder den Garten. Ein Hund, der lang im Auto bleibt, bleibt auch in der Wohnung allein.

Diese Anleitungen werden Ihnen die Erziehung Ihres Hundes zu einem gehorsamen Hausgenossen leichter machen.

Das Follow me wirkt auf den Hundekopf und ahmt den Schnauzengriff nach.

Das Kopfhalfter (Follow me) unterstützt Ihre Erziehungsbemühungen, indem Sie auf den Hund einwirken können, ohne ihm Gewalt antun zu müssen. Es wird so angelegt, dass auf den Nasenrücken des Hundes Druck ausgeübt wird, wenn er an der Leine zieht.

Apportieren liegt manchen Hunden, wie dem Golden Retriever, im Blut (oben). Mit geeignetem Spielzeug spielen Hunde auch allein (rechts).

Spielen mit dem Hund

Das Spielen ist eine wichtige Hilfe bei der Erziehung des jungen Hundes und der unerlässliche soziale Kontakt zwischen Hundehalter und Hund. Spielen ist auch eine Art Therapie, um die im Hund schlummernde Angriffsbereitschaft abzubauen. Besonders wichtig ist das gemeinsame Spiel für Hunde, die viel allein sind. Dabei lernen sie auch, sich mit sich selbst zu beschäftigen.

Spiel als Erziehungshilfe

Welpen benötigen ebenso viel Zuwendung wie kleine Kinder, damit sie sich zu glücklichen und normalen Hunden entwickeln. Das heißt, man muss sich viel mit ihnen beschäftigen – und beschäftigen bedeutet spielen.

Das Wesen des Spiels

- Ein Spiel hat keinen ernsthaften Zweck, ein Gegenstand wird einfach so herumgetragen. Der Hund versucht seinen Schwanz zu fangen und so weiter.
- Bestimmend für ein Spiel ist die Neugier auf neue, bisher unbekannte Situationen und Dinge. Daraus folgert: Spiel ist eine aktive Form des Lernens.
- Der junge Hund zeigt beim Spielen wenig Beharrungsvermögen. Alles Neue ist inte-

ressanter als das, womit er sich gerade beschäftigt. Für Sie bedeutet das: Ein Spielzeug und eine Spielform reichen nicht aus. Machen Sie von dem großen Angebot der Zoofachhandlungen Gebrauch. Achten Sie aber darauf, aus welchem Material das Spielzeug hergestellt ist (siehe Seite 24).

- Je älter der Hund wird, umso intensiver beschäftigt er sich mit einer Sache.

Am intensivsten spielen die Geschwister eines Wurfes miteinander. Fehlen diese, so sind Sie der Geschwisterersatz für Ihren Hund – allerdings ein Ersatz mit Mängeln, da Sie kein Artgenosse sind. Hunde müssen mit Hunden spielen, um sich hündische Ausdrucksformen anzugewöhnen. Gehen Sie deshalb auch schon mit Ihrem kleinen Hund in Welpenspielstunden oder auf eine Hundespielwiese.

Schwimmen ist ein gutes Training für den Hund. Und darf er mit seinem Rudel schwimmen, macht es ihm doppelt Spaß.

Ein Frisbee lässt sich zu jedem Spaziergang einpacken. Hunde üben damit ihre Geschicklichkeit im Fangen (oben). Stolz trägt er seinen Ast (links).

Spiel als sozialer Kontakt

Hunde und Menschen gehören zu den wenigen Lebewesen, die auch als Erwachsene noch spielen. Die Verhaltensforscher sagen: So wie Hunde nie ganz erwachsen gewordene Wölfe sind, sind Menschen nicht erwachsen gewordene Affen. Fast alle Hunderassen spielen gern, manche auch noch im hohen Alter (wie Boxer, Airedale Terrier oder Spaniels).

Eingeleitet wird ein Spiel durch eine Art Verbeugungshaltung, die so genannte Spielaufforderungsgeste: Der Hund liegt auf den Vorderbeinen, die Brust berührt den Boden, das Hinterteil ist hoch gereckt. Dabei bewegt er sich ruckhaft nach vorn, als wolle er sagen: »Komm schon … fang an!« Dazu macht er sein »Spielgesicht«, wobei die Schnauze wie zum Lachen verzogen und leicht geöffnet ist. Die nächste Aufforderung ist das »Spieltragen«: Ein Stock oder ein Ball wird zum Partner gebracht und vor diesen gelegt. Greifen Sie danach, nimmt der Hund ihn und läuft weg.

Ausbildung und sportliche Betätigung

Hunde lernen für ihr Leben gern. Das können Sie ausnützen, wenn Sie mit Ihrem Hund weiterarbeiten wollen. Erkundigen Sie sich nach Möglichkeiten bei den Hundesportverbänden (Adressen, siehe Seite 155). Oder treten Sie in den Club Ihrer Hunderasse ein, dann können Sie sich an rassetypischen Ausbildungsprogrammen beteiligen oder Ausstellungen besuchen. Das hängt ganz von Ihren Aktivitäten ab: Ihr Hund ist immer bereit. Im Folgenden möchte ich Ihnen einige Beispiele nennen, was Sie mit Ihrem Hund alles machen können.

Agility heißt übersetzt Geschicklichkeit. Diese Sportart macht fast allen Hunden Spaß und erfreut sich immer größerer Beliebtheit. Sie ist für alle Hunde geeignet außer für sehr große oder massige Rassen. In dieser Disziplin überwindet der Hund einen Parcours aus unterschiedlichen Hindernissen, wie durch Tunnel kriechen, über Hürden springen oder eine Kletterwand erklimmen. Es geht darum, dass der Hund möglichst schnell und fehlerfrei ans Ziel kommt. Der Hundeführer begleitet seinen Hund, muss aber nicht selbst die Hindernisse überwinden.

Die Begleithundeprüfung wird von fast allen Vereinen angeboten. Hat ein Hund diese Prüfung bestanden, heißt das, dass er ein führiger und gehorsamer Begleiter ist.

Der Breitensport ist ein Sport für fitte Hunde und ihre sportlichen Menschen. Er umfasst die vier Disziplinen Slalomlauf, Hürdensprung, einen Parcours und Gehorsamsübungen. Beim Hürdensprung ist auch der Hundehalter beteiligt. Mensch und Hund können auch an Turnieren teilnehmen.

Flyball ist eine Sportart, die aus den USA kommt. Dabei muss der Hund nach Überwindung von Hindernissen an einem Kasten einen Mechanismus betätigen, wodurch ein Ball ausgelöst wird. Diesen muss er fangen und über die Hindernisse zum Trainer zurückbringen. Bei Flyball ist Schnelligkeit gefragt.

Obedience heißt übersetzt Gehorsam. Bei dieser Sportart, die für fast alle Rassen geeignet ist, absolvieren die Hunde in Gruppen verschiedenste Gehorsamsübungen, wie Sitzen, An-der-Leine-Gehen oder Kommen.

Der Zughundesport erfreut sich steigender Beliebtheit. Ursprünglich wurden Sennenhunde (Foto: Großer Schweizer Sennenhund) vor den Karren gespannt.

Bei Flyball muss der Hund einen Ball auslösen, fangen und schnell zurückbringen.

Rassespezifische Ausbildungen zielen auf die speziellen Eigenschaften der Rassen ab. Manche dieser Prüfungen stellen die Voraussetzung für die Zuchtauswahl dar. Dazu gehören beispielsweise die Schutzhundausbildung (mit Unterordnung, Schutzdienst und Fährtensuche) für Rassen wie Deutscher Schäferhund oder Deutscher Boxer, Apportierprüfungen für Retriever, Probehüten (Hütetrials) für spezielle Hütehundrassen sowie Schlittenhund- und Windhundrennen.

Die Ausbildung zum Rettungshund erfolgt in Hundestaffeln anerkannter Rettungsorganisationen. Die Hunde werden nach bestimmten Kriterien ausgesucht, wie Belastbarkeit und Wesensfestigkeit. Besteht der Hund die Ausbildung, sind die späteren Inlandseinsätze verpflichtend und die im Ausland freiwillig.

Die Hunde werden ausgebildet, um nach Vermissten unter Trümmern wie eingestürzten Häusern nach Erdbeben, nach Lawinenopfern oder nach Vermissten in einem bestimmten Gelände, etwa einem Waldstück, zu suchen. Der Hundeführer muss für die entsprechenden Einsätze ebenfalls viel lernen, beispielsweise Erste Hilfe oder den richtigen Umgang mit Karte und Kompass.

Bei TEAM-dance nach Ekard Lind steht die harmonische, soziale Kommunikation zwischen Mensch und Hund auf der Basis von Musik und Rhythmus im Vordergrund. Mensch und Hund vereinen im gemeinsamen Tanz Musik und Sport.

Der Zughundesport, bei dem Hunde vor einen Wagen gespannt werden, erfährt eine Wiederbelebung. Geeignet ist diese Sportart für große, kräftige Hunde, die meist nicht an anderen Sportarten teilnehmen können. Bei Turnieren muss das Gespann einen Geschicklichkeitsparcours meistern. Zudem werden Trekkingtouren organisiert.

Hundeausstellungen

Haben Sie den Ehrgeiz, mit Ihrem Hund an Ausstellungen teilzunehmen, machen Sie sich mehr Freude als dem Hund. Sie können verreisen, Sie lernen neue Leute kennen, und Sie bekommen eventuell einen Preis. Für den Hund bedeutet eine Ausstellung meist nur Stress.

In ihrem eigentlichen Sinn sind Ausstellungen für die Hundezucht förderliche Zuchtschauen. Deshalb ist es gut, wenn es außer Züchtern, die Ausstellungen beschicken müssen, auch Hundehalter gibt, die »just for fun« mitmachen und dafür sorgen, dass dort möglichst viele Hunde gezeigt werden. Denn für die Besucher, die Eintritt bezahlen, ist die breite Show wichtig und die Teilnahme von seltenen Rassen.

Sieger von Ausstellungen sind Hunde, die dem Zuchtziel, das heißt dem Standard der Rasse am nächsten kommen. Voraussetzung ist der Eintritt in den entsprechenden Rasseclub. Dort erfahren Sie alles Weitere (Adressen erhalten Sie beim VDH, siehe Seite 155).

Das Kauen auf dem Tau bereitet jedem Welpen viel Freude.

Spielideen für draußen und drinnen

Gemeinsame Spaziergänge und Aktionen stärken die Bindung zwischen dem Hund und seinem Menschen. Im Folgenden finden Sie einige Vorschläge für Spielideen, wie Sie drinnen und draußen gemeinsam etwas Spaß haben können.

Springen Sie gemeinsam über den Stamm.

Spielideen für draußen

Auf jedem Spaziergang können Sie gemeinsam mit Ihrem Hund Unternehmungen machen und Abenteuer bestehen. Dazu sind meistens keine aufwändigen Vorbereitungen nötig, denn die Natur bietet vielfältige Möglichkeiten, die Sie mit etwas Fantasie nutzen können.

Bachrohre eignen sich im Sommer bei Niedrigwasser hervorragend, um dem Hund das Durchkriechen beizubringen. Zuvor sollte er natürlich mit Wasser schon vertraut sein. Fangen Sie mit kurzen Rohren an, und suchen Sie erst längere auf, wenn Ihr Hund Spaß daran hat. Mit einer Belohnung am anderen Ende geht es sicher leichter.

Baumstämme bieten sich nicht nur an, dass der Hund darauf das Balancieren übt. Auch das gemeinsame Überspringen kann Freude machen. Zudem fördert es die Fitness. Die Übungen »Sitz« und »Liegen« auf dem Stamm sind schon größere Herausforderungen.

Heureihen auf den Wiesen im Sommer oder niedrige Hecken bieten sich zum Überspringen an. Oder lassen Sie den Hund mal drüberspringen, dann wieder unten durchkriechen.

Parkbänke eignen sich auf die gleiche Weise wie Heureihen, um den Hund drüberspringen oder unten durchkriechen zu lassen.

Zweige können Sie zu einem Bündel zusammenbinden und den Hund tragen lassen. Später, wenn Sie auf einer Bank eine Pause machen, lässt sich das Bündel wieder teilen. Der Hund kann auf den Zweigen herumkauen, oder Sie werfen die Zweige und lassen den Hund apportieren.

Den Regenschirm, den Sie auf Spaziergänge mitnehmen, kann, solange es nicht regnet, der Hund tragen. Erlösen Sie ihn aber von Zeit zu Zeit, denn wenn der Hund seine Aufgabe zu ernst nimmt, ist er so stolz, dass er ihn tragen darf und für nichts anderes mehr zu haben.

Frisbee können Sie auch mit Ihrem Hund spielen. Im Zoofachhandel gibt es Scheiben mit speziell weichen Rändern, die dem Hund beim Fangen nicht wehtun. Lassen Sie Ihren Hund sitzen und erst dann losrennen, wenn das Frisbee schon fliegt, um es zu fangen. Manche Hunde erlangen mit der Zeit eine solche Geschicklichkeit, dass sie die fliegende Scheibe in der Luft fangen. So macht es beiden Spaß!

Spielideen für drinnen

Wenn schlechtes Wetter weder Sie noch Ihren Hund vor die Türe lockt, können Sie mit einfachen Mitteln und etwas Fantasie auch das Wohnzimmer in eine aufregende Spiellandschaft umgestalten. Hier können Sie trainieren, was der Hund draußen an Fertigkeiten und Geschicklichkeit für andere Übungen brauchen kann. Vergessen Sie aber die Belohnung nicht!

Zwei Stühle lassen sich kippen und mit einem übergeworfenen Laken oder einer Decke zum Tunnel umfunktionieren. Eine Holzstange, über die Sitzflächen gelegt, ergibt eine gute Hochsprungvorrichtung.

Aus Weinflaschen oder Rohrdurchputzern können Sie eine Slalomstrecke bauen. Achten Sie darauf, dass der Abstand nicht zu eng, sondern der Größe Ihres Hundes angepasst ist.

Eine reißfeste Hundedecke kann dazu dienen, den Hund einzuwickeln, damit er sich anschließend selbst wieder befreit. Auch das bei Hunden so beliebte Beutezerren lässt sich damit gut spielen.

Eine Parkbank lädt nicht nur zum Ruhen ein …

1 Durch gekippte Stühle kann der Hund herrlich durchkriechen.

2 Dieser Slalom fördert die Beweglichkeit des Rückens und erhöht die Trittsicherheit.

3 Gefunden! Das unter der Decke versteckte Leckerli hat gut geschmeckt.

Obstkisten oder stabile Kartons können Sie zu Hindernissen stapeln und den Hund darüber springen lassen. Wenn Sie Boden und Deckel der Kartons entfernen, ergeben diese, hintereinander gestellt, einen Tunnel, durch den der Hund kriechen kann.

Der Bustercube (Zoofachhandel) ist ein hohler Würfel mit Löchern, den Sie mit Trockenfutter befüllen können. Legen Sie ihn Ihrem Hund vor die Nase. Auf Grund seiner Neugier und des guten Geruchs wird er anfangen, den Würfel zu bewegen. Dabei fällt ab und zu aus einem Loch ein Stück Trockenfutter heraus. So wird er für seine Neugier und das Spielen belohnt. Dieser Würfel ist auch eine gute Beschäftigung, wenn Sie Ihren Hund mal allein lassen müssen.

Weitere Spiele mit Partner

- Kommen und Weglaufen (»Spieltragen«, siehe Seite 101);
- das Kreislaufen (ein Zeichen höchster Spiellust);
- das Fortlaufen, wobei der Hund Sie verfolgt und versucht, wie bei seiner Mutter geübt, Sie in die Ferse zu beißen;
- das Fangen und Fangenlassen;
- alle Rauf- und Kampfspiele;
- Joggen oder Fahrrad fahren mit Ihrem Hund;
- das Holen und Bringen.

Gerade die Rauf- und Kampfspiele sollte man häufig mit dem jungen Hund spielen, damit er das »Spielbeißen« dosieren lernt. Welpen haben noch keine Beißhemmung, da aber das Beißen zum Raufspiel gehört, muss man ihnen diese Zurückhaltung beibringen. Für die Rauf- und Laufspiele habe ich folgendes Zubehör:

- einen kräftigen Lappen zum Zerren und Schütteln;
- einen dicken Handschuh zum Ringen;
- eine Art Fuß- oder Handball zum Wegabschneiden, Stoppen und Vor-sich-Herrollen. Ein Tennisball ist wegen der filzigen Oberfläche nicht gut geeignet.

Beim Spielen oder gemeinsamen Trainieren dürfen Sie nie vergessen, Ihren Hund immer wieder zu motivieren. Dabei sind Ihrer Fantasie kaum Grenzen gesetzt. Die Grenze zeigt Ihnen höchstens Ihr Hund, wenn er nicht mehr mitmacht oder nicht versteht, was Sie von ihm erwarten. Zwingen Sie den Hund nicht zum Spielen, sondern motivieren Sie ihn, eventuell mit einem Leckerli.

Je mehr Sie mit Ihrem Hund unternehmen, desto mehr Aufmerksamkeit schenkt er Ihnen. Und er ist gespannt, was als Nächstes kommt und zu lösen ist. Der Zusammenhalt zwischen Hund und Frauchen/Herrchen wird größer und die Bindung immer enger. Schön für beide Seiten!

Ich bin Frauchens Regenschirmträger.

IV. Kapitel

Porträts beliebter Hunderassen

Rassen im Porträt

Immer häufiger avancieren Hunde zu Modeartikeln. Bei der Auswahl Ihres neuen Familienmitglieds sollten Sie sich nicht nur vom Aussehen leiten lassen, sondern die Bedürfnisse von Familie und Hund berücksichtigen.

Welche Rasse passt zu Ihnen?

Sie haben sich entschlossen, einen Hund zu kaufen. Auch Ihre Familie ist mit der Anschaffung einverstanden. Und Sie sind sich bereits im Klaren, dass es ein Rassehund sein soll. Das sind Hunde, die von Generation zu Generation das gleiche Aussehen und gewisse Eigenschaften vererben. Die Reinrassigkeit, deren Erhaltung unter strenger züchterischer Aufsicht geschieht, wird durch die Ahnentafel, den Abstammungsnachweis des Rassehundes (siehe Seite 144), bescheinigt.

Nun stellt sich nur noch die Frage, welche Rasse? Sie sollte Ihnen einmal vom Aussehen her zusagen, und vielleicht sprechen Sie auch bestimmte Charaktereigenschaften der einen oder anderen Rasse besonders an. Messen Sie Ihre Wünsche jedoch an der Realität. Überlegen Sie, ob Ihr Traumhund zu Ihnen, Ihren Wohnverhältnissen und Ihren Lebensgewohnheiten passt. Ihr Hund sollte nie »eine Nummer zu groß« sein und auch nicht mehr wiegen als Sie selbst. Es kann immer einmal Situationen geben, in denen Sie dann nicht mehr mit ihm fertig werden, beispielsweise wenn er krank ist und Sie ihn zum Arzt tragen müssen.

Über 400 Rassen werden heute gezählt. In der Rangliste ganz oben stehen derzeit Deutscher Schäferhund, Dackel, Deutsch Drahthaar, Pudel, Rottweiler, Deutscher Boxer, West Highland White Terrier, Cocker Spaniel, Golden Retriever und Deutsche Dogge (laut Welpenstatistik des VDH).

Trotzdem ist die Wahl schwieriger als der Kauf eines Autos. Einen Wagen, der sich dann doch als zu groß oder zu klein, zu schnell oder zu teuer im Verbrauch erweist, kann man wieder abstoßen. Ein Hund aber, der einmal Zuneigung zu seinem Herrchen oder Frauchen gefasst hat und sich allein ihm als dem überlegenen Rudelführer unterordnet, würde sehr unter einer Trennung leiden und sich nur schwer wieder einem anderen Menschen anschließen.

Bevor Sie sich für eine seltene Rasse entscheiden, sollten Sie sich kundig machen. Seltene Rassen haben eine schmale Zuchtbasis, und positive Zuchtergebnisse sind von einzelnen Hunden abhängig. Über diese sollten Sie Bescheid wissen, ebenso wie über eventuelle rassetypische Krankheiten und Fehler. Besuchen Sie die jeweiligen Züchter, Adressen erfahren Sie beim Verband für das Deutsche Hundewesen (VDH, Adresse siehe Seite 155). Beschaffen Sie sich Literatur zu dieser Rasse.

Das Aussehen und die Merkmale einer Rasse werden im Standard (siehe Seite 148) beschrieben, der vom zuständigen Club erarbeitet und vom FCI (Adresse siehe Seite 155) anerkannt wird und damit international gültig ist. Den Beschreibungen der Rassen (siehe Seiten 114–143) liegt der Standard zu Grunde.

Zur Benutzung der Tabellen

Auf den nächsten Seiten finden Sie 60 der beliebtesten Hunderassen in drei Tabellen sortiert: in die Kategorien »Hunde für Anfänger« (Seite 111), »Hunde für Erfahrene« (Seite 112) und »Hunde für Spezialisten« (Seite 113).
Mit Anfänger ist ein Hundehalter gemeint, der sich erstmals einen Hund anschafft. Ein erfahrener Hundehalter kennt sich bereits mit verschiedenen Rassen aus. Ein Spezialist ist gewillt, auf die ganz speziellen Charaktereigenschaften oder Ansprüche der betreffenden Hunderasse Rücksicht zu nehmen. Natürlich kann jeder Hundehalter einen Hund aus der Tabelle »Anfänger« wählen.
Erklärung zu den Tabellen: Bei jeder Kategorie finden Sie Häkchen oder einen Strich. Dabei bedeuten bei

- **Größe:** ein Häkchen kleiner Hund bis 34 cm, zwei Häkchen mittelgroßer Hund bis 70 cm, drei Häkchen großer Hund über 70 cm Schulterhöhe.
- **Bewegungsbedarf, Erziehungsaufwand:** ein Strich, dass der Aufwand für Bewegung und Erziehung im normalen Rahmen liegt; ein Häkchen mittlerer Bedarf oder Aufwand; zwei Häkchen, dass die Rasse großen Bewegungsbedarf hat oder konsequenter Erziehung bedarf.
- **Pflegeintensität:** ein Strich, dass der Aufwand für die Pflege im normalen Rahmen liegt; ein Häkchen größerer Aufwand.
- **Familienhund/Kinderhund:** ein Häkchen, dass sich diese Rasse als solche bewährt hat, egal ob groß oder klein; ein Strich, dass diese Rasse ungeeignet ist.
- **Seniorenhund:** ein Häkchen, wenn die Rasse als solche geeignet ist; ein Strich, dass diese Rasse dafür ungeeignet ist. Aufgeführt sind nur kleine Hunde mit relativ geringem Bewegungsbedarf. Wenn ein älterer Mensch rüstig ist und noch gut laufen kann, wird die Auswahl der in Frage kommenden Rassen natürlich viel größer.
- **Wohnungshund:** ein Häkchen, dass diese Rasse es verträgt, in einer Wohnung, das heißt mit beschränktem Platzangebot, zu leben – natürlich bei ausreichender Bewegung; ein Strich, wenn Sie für diese Rasse in einem Haus wohnen sollten.

Und so gehen Sie vor: Suchen Sie in der Tabelle die Hunderassen mit den Eigenschaften heraus, die für Sie ein Auswahlkriterium darstellen, wie z. B. Größe des Hundes oder Familientauglichkeit. Mit Hilfe des Seitenverweises in der Tabelle finden Sie die Beschreibungen der entsprechenden Rassen sowie ein Bild. Dort können Sie nachlesen und beurteilen, ob die Rasse auf den ersten Eindruck passen könnte und ob Sie sich weiter kundig machen wollen. Zur Haltung so genannter Kampfhunde siehe auch Rechtsfragen Seite 15.

Wegen ihres attraktiven Aussehens sind Collies sehr beliebt. Sie eignen sich hervorragend als Kinder- und Familienhunde.

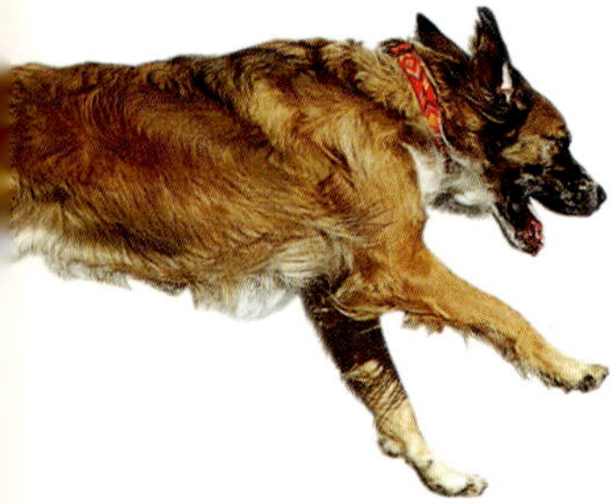

Hunde für Anfänger

Hunderasse	Größe	Bewegungs-bedarf	Pflege-intensität	Erziehungs-aufwand	Familien-hund/Kin-derhund	Senioren-hund	Woh-nungs-hund	Seite
Australian Cattledog	✔✔	✔✔	–	✔	✔	–	✔	115
Australian Shepherd	✔✔	✔✔	✔	✔	✔	–	–	116
Basenji	✔✔	✔	–	✔	✔	–	✔	116
Basset Hound	✔✔	✔	–	✔	✔	–	✔	117
Beagle	✔✔	✔	–	–	✔	–	✔	117
Bobtail	✔✔	✔✔	✔	✔	✔	–	–	119
Cairn Terrier	✔	✔	–	✔	✔	✔	✔	121
Cavalier King Charles	✔	✔	–	–	✔	✔	✔	121
Chihuahua	✔	–	–	✔	–	✔	✔	122
Cocker Spaniel	✔✔	✔✔	✔	✔	✔	–	✔	123
Collie	✔✔	✔✔	✔	✔	✔	–	✔	123
Dackel	✔	✔	✔	✔✔	✔	✔	✔	124
Dalmatiner	✔✔	✔✔	–	✔	✔	–	✔	124
Deutscher Spitz	✔–✔✔	✔	✔	✔	✔	–	✔	126
English Bulldog	✔✔	–	–	✔	✔	–	✔	127
Entlebucher Sennenhund	✔✔	✔	–	✔	✔	–	✔	128
Eurasier	✔✔	✔	–	✔	✔	–	–	128
Flat-Coated Retriever	✔✔	✔✔	✔	–	✔	–	✔	129
Französische Bulldogge	✔	–	–	–	✔	✔	✔	130
Golden Retriever	✔✔	✔✔	✔	–	✔	–	✔	130
Irish Setter	✔✔	✔✔	✔	✔	✔	–	✔	131
Kromfohrländer	✔✔	✔	–	✔	✔	✔	✔	133
Labrador Retriever	✔✔	✔	–	–	✔	–	✔	134
Mops	✔	✔	–	✔	✔	✔	✔	135
Pekingese	✔	–	✔	✔✔	–	✔	✔	136
Pudel	✔–✔✔	✔	✔	–	✔	✔	✔	137
Tibet Terrier	✔✔	✔	✔	✔	✔	–	✔	142
West Highland Terrier	✔	✔	✔	✔	✔	✔	✔	142
Yorkshire Terrier	✔	–	✔	✔	✔	✔	✔	143
Zwergpinscher	✔	✔	–	✔	✔	✔	✔	143

(Erläuterungen siehe Seite 110)

Hunde für Erfahrene

Hunderasse	Größe	Bewegungsbedarf	Pflegeintensität	Erziehungsaufwand	Familienhund/Kinderhund	Seniorenhund	Wohnungshund	Seite
Airedale Terrier	✔✔	✔✔	✔	✔	✔	–	✔	114
Akita-Inu	✔✔	✔	–	✔✔	✔	–	✔	115
Berner Sennenhund	✔✔	✔	✔	✔	✔	–	–	118
Bernhardiner	✔✔✔	✔	✔	✔	✔	–	–	118
Border Collie	✔✔	✔✔	✔	–	✔	–	–	119
Briard	✔✔	✔✔	✔	✔	✔	–	–	120
Deutsche Dogge	✔✔✔	✔✔	–	✔	–	–	–	125
Deutscher Boxer	✔✔	✔	–	–	✔	–	✔	125
Deutscher Schäferhund	✔✔	✔✔	✔	✔	✔	–	–	126
Dobermann	✔✔	✔✔	–	✔✔	–	–	–	127
Foxterrier	✔✔	✔	–	✔	✔	✔	✔	129
Hovawart	✔✔✔	✔✔	–	✔✔	✔	–	–	131
Irish Wolfhound	✔✔✔	✔✔	✔	✔	–	–	–	132
Jack Russell Terrier	✔	✔	–	✔✔	✔	✔	✔	132
Kleiner Münsterländer	✔✔	✔✔	✔	✔	✔	–	✔	133
Leonberger	✔✔✔	✔	✔	✔	✔	–	–	135
Neufundländer	✔✔✔	✔	✔	–	✔	–	–	136
Pyrenäen-Schäferhund	✔✔	✔✔	✔	✔	✔	–	✔	137
Rhodesian Ridgeback	✔✔	✔✔	–	✔	✔	–	✔	138
Rottweiler	✔✔	✔✔	–	✔✔	✔	–	–	138
Samojede	✔✔	✔	✔	✔	✔	–	–	139
Schnauzer	✔✔	✔	✔	✔✔	✔	–	✔	140
Sealyham Terrier	✔	✔	✔	✔	✔	–	✔	140
Tervueren	✔✔✔	✔✔	✔	✔	✔	–	–	141

(Erläuterungen siehe Seite 110)

Hunde für Spezialisten

Hunderasse	Größe	Bewegungsbedarf	Pflegeintensität	Erziehungsaufwand	Familienhund/Kinderhund	Seniorenhund	Wohnungshund	Seite
Afghane	✔✔	✔✔	✔	✔✔	–	–	–	114
Bullterrier	✔✔	✔	–	✔✔	–	–	✔	120
Chow-Chow	✔✔	–	✔	✔✔	–	–	✔	122
Kuvasz	✔✔✔	✔✔	✔	✔✔	–	–	–	134
Saluki	✔✔	✔✔	–	✔✔	–	–	✔	139
Siberian Husky	✔✔	✔✔	–	✔✔	✔	–	–	141

(Erläuterungen siehe Seite 110)

Zur Benutzung der Rassenporträts (Seite 114–143)

Die Symbole bedeuten im Einzelnen:

Diese Rassen sind für Anfänger in der Hundehaltung geeignet.

Für diese Rassen sollten Sie bereits Erfahrung in der Hundehaltung haben.

Diese Rassen sind wegen ihrer besonderen Ansprüche nur etwas für Spezialisten.

Diese Rassen fühlen sich auch in einer Wohnung wohl.

Für diese Rassen sollten Sie in einem Haus mit Garten wohnen.

Bei diesen Rassen geht der Aufwand für die Pflege über das normale Maß hinaus. Planen Sie dafür mindestens dreimal pro Woche zwei Stunden ein.

Diese Rassen bedürfen einer strengen, aber fairen Erziehung.

Bei der Erziehung dieser Rassen müssen Sie konsequent sein.

Das Bewegungsbedürfnis dieser Rassen geht über das normale Maß hinaus. Sie sollten den Hund täglich mindestens zwei Stunden bewegen.

Mit diesen Rassen sollten Sie mindestens drei Stunden pro Tag unterwegs sein.

Die Stichpunkte bedeuten im Einzelnen:

Größe, Gewicht: Die Größe wird am Widerrist gemessen. Die Gewichtsangaben sind Durchschnittsangaben.

Fell, Farbe: Die Angaben basieren auf den Standards. Gibt es mehrere Behaarungstypen, sind diese extra aufgeführt.

Geeignet für: Fühlen Sie sich angesprochen, können Sie diese Rassen auswählen.

Nicht geeignet für: Treffen die Angaben zu, sollten Sie diese Rasse nicht auswählen.

Als Familienhund: Eigenschaften, die die Rassen dafür geeignet machen oder nicht.

Rassencharakter: Hier sind die wichtigsten Verhaltensweisen und Eigenschaften der betreffenden Rasse, das Verhalten in Gemeinschaft mit anderen Hunden und/oder Heimtieren sowie gegenüber Fremden aufgeführt.

Rassetypische Krankheiten: Sie treten bei der Rasse gehäuft auf.

Lebenserwartung: Die Altersangaben sind Durchschnittsangaben.

Afghane

Sehr attraktiver orientalischer Windhund, ein Hund zum Stehenbleiben und Anschauen.

Größe, Gewicht: Um 70 cm; bis 30 kg.
Fell, Farbe: Auffällig langes und seidiges Haarkleid. Alle Farben erlaubt.
Geeignet für: Absolute Liebhaber mit viel Einfühlungsvermögen und für Menschen, die dem täglichen Rennbedürfnis Rechnung tragen.
Nicht geeignet für: Menschen, die nicht bereit sind, der Schönheit ihren täglichen Tribut an Zeit und Mühe für die Pflege zu zollen, und die sich nicht bewegen wollen.
Als Familienmitglied: Braucht eine feste Bezugsperson auf Lebenszeit. Gehorcht aus Zuneigung. Fühlt sich dem Menschen gleichberechtigt. In Haus und Garten folgsam und wachsam. Zeigt manchmal eine gewisse Teilnahmslosigkeit. Nicht einfach zu halten, denn er jagt auf Sicht.
Rassencharakter: Besticht durch Würde, Ruhe und angenehmes Dasein. Urwüchsig, mit Hang zum Komfort. Er liebt seine Menschen; abweisend gegen Fremde. Noah soll Afghanen mit in die Arche genommen haben; diese Legende soll das Alter dieser aus Afghanistan stammenden Jagd- und Hirtenhunderasse signalisieren.
Rassetypische Krankheiten: Wenig bekannt.
Lebenserwartung: Bis 10 Jahre.

Airedale Terrier

Der »König der Terrier« wurde früher zur Bekämpfung der Fischotter zu Wasser und zu Land eingesetzt.

Größe, Gewicht: 58 bis 61 cm; etwa 22,5 kg. Wohlproportioniert und schnell.
Fell, Farbe: Doppelte Behaarung; dichtes, raues Deckhaar, kurze, weiche Unterwolle. Lohfarben mit schwarzem oder grau meliertem Sattel.
Geeignet für: Menschen, die einen unkomplizierten Hund wollen, der sie auch schützen kann.
Nicht geeignet für: Sehr pingelige oder gebrechliche Menschen.
Als Familienmitglied: Bester Familienhund, sehr kinderlieb. Guter Wächter. Nimmt wenig übel, ist gutmütig.
Rassencharakter: Unerschrockener Hund, intelligent und gelehrig, schätzt Beschäftigung. Lebhaft und verspielt bis ins Alter. Schwierig in Gemeinschaft mit anderen Hunden und Heimtieren zu halten. Ursprünglich entstanden durch Kreuzung von Kleinwild jagenden Terriern mit dem Otterhound; daher hat er seine Wasserfreudigkeit.
Rassetypische Krankheiten: Neigung zu Ekzemen und Hauttumoren.
Lebenserwartung: Bis 14 Jahre.

Akita-Inu

Dieser Inu (Hund) stammt aus Japan und ist der imposanteste Vertreter der internationalen Spitzfamilie.

Größe, Gewicht: 61 bis 71 cm; bis 50 kg. Stabil mit viel Substanz.
Fell, Farbe: Stockhaarig mit dichter, weicher Unterwolle. Alle Farbenschläge zugelassen, häufig Rot mit heller, Rotbraun mit dunkler Maske. Typisch die eingerollte Rute.
Geeignet für: Menschen, die etwas von Hunden verstehen, die den starken Willen des Akita akzeptieren und einen besonderen Hund wollen.
Nicht geeignet für: Menschen, die die Unterordnung schätzen und in einer Gegend mit zahlreichen Hunden wohnen.
Als Familienmitglied: Anhänglich und gehorsam gegenüber der Familie. Ruhig, ausgeglichen, mutig und unerschrocken. Fremden gegenüber eher gleichgültig. Wachsam.
Rassencharakter: Lässt sich zu nichts zwingen. Mag keine anderen Hunde, die sich ihm nicht gleich unterwerfen. Akitas stammen von Hunden der Polarregionen ab, wurden als Kampfhunde gezüchtet und später nur noch zur Jagd und als Wach- und Familienhunde eingesetzt.
Rassetypische Krankheiten: Hüftgelenksdysplasie, Zahnfehler.
Lebenserwartung: Bis 10 Jahre.

Australian Cattledog

Lustiger, sehr vielseitig einsetzbarer, robuster Hund vom fünften Kontinent.

Größe, Gewicht: 43 bis 51 cm; 16 bis 20 kg.
Fell, Farbe: Mittellanges, hartes, gerades, dichtes Haarkleid; blau gefleckt mit schwarzen, blauen oder lohfarbenen Kopfabzeichen; rot gefleckt mit dunkelroten Abzeichen.
Geeignet für: Menschen, die sich gern bewegen und viel begleitet werden wollen.
Nicht geeignet für: Alle, die einen eleganten Hund suchen, mit dem man sich zeigen kann.
Als Familienmitglied: Gilt als wachsam, sensibel und mutig. Er scheint stets bereit zu sein, schwierige Aufgaben zu lösen, und ist dabei ein ausgesprochen ruhiger Hund.
Rassencharakter: Zäher, harter Treibhund, der Hitze und weite Wege aushält und verträglich mit Pferden ist. Seinem Herrn gegenüber sehr loyal. Am Besten gibt man ihm eine Aufgabe. Ursprünglich entstanden aus den langjährigen Kreuzungsversuchen von Blue-Merle-farbenen glatthaarigen Collies mit den einheimischen Dingos. Später noch Kreuzung mit Dalmatinern, Bullterriern und Kelpies. Wird seit 1893 nur noch reinrassig gezüchtet.
Rassetypische Krankheiten: Sehr robust.
Lebenserwartung: Bis 14 Jahre.

Australian Shepherd

Sehr vielseitiger, beliebter Hütehund aus den USA mit großer Lernfreudigkeit.

Größe, Gewicht: 46 bis 58 cm; 16 bis 32 kg.
Fell, Farbe: Das Haarkleid ist von mäßiger Länge und Härte, gerade bis leicht gewellt, mit dichter Unterwolle. Blue Merle, Rot Merle, Schwarz, Leberbraun, Rot mit oder ohne weiße und/oder lohfarbene Abzeichen.
Geeignet für: Menschen, die auf einem Hof leben mit Tieren zum Hüten oder die viel mit dem Pferd unterwegs sind.
Nicht geeignet für: Menschen, die einen Hund nur als Fußmatte wollen.
Als Familienmitglied: Die ruhigeren unter den Australian Shepherds sind gute Familienhunde. Doch eine Aufgabe brauchen sie immer. Verträglich auch mit anderen Hunden und Heimtieren.
Rassencharakter: Ein echter Hütehund, ursprünglich gezüchtet aus alten europäischen Herdenhunderassen, die über den Umweg Australien (daher der Name) in die USA kamen. Er ist intelligent, aktiv und wachsam. Es ist leicht, ihm auch andere Aufgaben beizubringen, wie Fährtenarbeit, Drogensuche und Rettungsarbeit.
Rassetypische Krankheiten: Spezielle Augen- und Ohranomalien, Depigmentierung der Haut.
Lebenserwartung: Bis 14 Jahre.

Basenji

Entstammt einer uralten, zentralafrikanischen Rasse, in die nie fremdes Blut eingekreuzt wurde.

Größe, Gewicht: 40 bis 43 cm; bis 12 kg.
Fell, Farbe: Kurz und seidig, elastische Haut. Fuchsrot, rein schwarz oder schwarz und lohfarben; Füße, Brust und Schwanzspitze immer weiß.
Geeignet für: Menschen mit Sinn für das Besondere und die einen lieben, eigenartigen und sauberen Hund schätzen.
Nicht geeignet für: Alle, die nicht auffallen wollen.
Als Familienmitglied: Bei größerer Wohnung idealer Wohnungshund: riecht nicht, putzt sich wie eine Katze. Bellt nicht, sondern »jodelt«. Sehr anhänglich und heiter.
Rassencharakter: Eleganter, auffälliger Hund. Sehr aufmerksam, sozial veranlagt (deshalb am Besten zwei Hunde halten). Hochintelligent und sehr anhänglich. Gehorcht nicht unbedingt. Wurde ursprünglich von Volksstämmen im Kongo als leiser Jagdhund eingesetzt. Kam von dort nach England.
Rassetypische Krankheiten: Heilbare, angeborene Anämie.
Lebenserwartung: Bis 12 Jahre.

Basset Hound

Lang, aber niedrig gebaut, auf mächtigen Pfoten, mit sorgenvollem Faltenblick. Sehr eigenwillig.

Größe, Gewicht: 33 bis 38 cm; bis 28 kg. Muss kräftig und muskulös sein.
Fell, Farbe: Glatt, kurz und dicht, nicht zu fein. Dreifarbig: Weiß, Schwarz und Rot oder Weiß, Schwarz und Lemonweiß; zweifarbig: Weiß und Rot. Jede Houndfarbe ist erlaubt.
Geeignet für: Kräftige Menschen mit guten Nerven und Sinn fur sture Eigenwilligkeit.
Nicht geeignet für: Freunde klassischer Körperformen, körperlich schwache oder alte Menschen, Sauberkeits- und Gehorsamsfanatiker.
Als Familienmitglied: Verträglich. Kein Wachhund. Selbstbewusst und bestimmend.
Rassencharakter: Seelisch ausgeglichen, robust bis dickfellig. Freundlich. Kann gut mit einem zweiten Hund gehalten werden. Ursprünglich ein Jagdhund, der in der Meute jagt. Bester Spurenleser – auch in schwierigstem Gelände. Sehr ausdauernd, überraschend behände.
Rassetypische Krankheiten: Bei einigen Linien Vererbung von Blasensteinen beim Rüden. Neigung zu Scheinträchtigkeit mit starker Milchproduktion. Bei Rüden Tendenz zur Hypersexualität. Klaffendes Unterlid.
Lebenserwartung: Bis 12 Jahre.

Beagle

Ein fröhlicher Meutehund und Hasenjäger. Meist ein feiner Kinderhund. Spielt gern.

Größe, Gewicht: Schulterhöhe 33 bis 41 cm; zwischen 10 und 18 kg.
Fell, Farbe: Kurz, dicht und robust, die Rute dick und dicht behaart, immer mit weißer Spitze. Alle echten Farben der Hounds, nie Schokoladenbraun. Am häufigsten Tricolor: auf weißem Grund schwarze und braune bis rote Platten, oder zweifarbig als Tan and White oder Lemon and White (Rot auf weißem Grund).
Geeignet für: Bewegungsfrohe Menschen, die einen lebhaften Etagenhund für Kinder mögen.
Nicht geeignet für: Menschen, die Härte bei einem Hund erwarten.
Als Familienmitglied: Angenehm, bellt kaum, sehr verträglich, freundlich. Kein guter Wächter. Sein Gruppengefühl ist so stark, dass er sich über jeden Besuch freut, sogar über einen Einbrecher.
Rassencharakter: Gesellig (lebt gern mit anderen Hunden), anschmiegsam und anhänglich. Wesensfest. Selbstbewusst und selbstständig. Gute Laune ist ein Rassenkennzeichen. Neigung zum Stöbern und Spurverfolgen.
Rassetypische Krankheiten: Robust; über spezielle Krankheiten ist wenig bekannt.
Lebenserwartung: Bis 12 Jahre.

Anfänger Erfahrene Spezialisten Wohnungshund Haus mit Garten Pflege

Berner Sennenhund

Imposanter und unverwechselbarer Hund mit wunderschönem Haarkleid in Bilderbuchfarben.

Größe, Gewicht: 66 bis 70 cm; bis 40 kg. Massiv und kräftig.
Fell, Farbe: Weich und glänzend, schlicht und lang, wenig gewellt. Schwarz mit leuchtend braunrotem Brand; Blesse (Abzeichen am Kopf), Pfoten, Rutenspitze und Brust weiß.
Geeignet für: Familien mit Kindern, Haus und Garten.
Nicht geeignet für: Kleine Wohnungen oder Menschen, die einen Hund zur Dekoration suchen.
Als Familienmitglied: Sehr kinderlieb, aufmerksamer Beschützer. Wachsam, ohne durch Bellen zu stören. Insgesamt unkompliziert, braucht viel Zuwendung.
Rassencharakter: Imposant und beeindruckend. Nicht gerade lammfromm, kann aber, wenn es nötig ist, scharf zupacken, ohne gleich zuzubeißen. Kein Wilderer, kein Streuner. Arbeitswillig. Ursprünglich als Zughund und Wachhund für Hof und Herden in der Schweiz eingesetzt.
Rassetypische Krankheiten: Hüftgelenksdysplasie.
Lebenserwartung: Bis 10 Jahre.

Bernhardiner

Ein bedächtiger Riese, der eine große Faszination auf Kinder ausübt. Guter Wachhund.

Größe, Gewicht: Bis 70 cm; 70 bis 80 kg. Muskulöser Körper, massiger Kopf.
Fell, Farbe: Mittellang, schlicht bis leicht gewellt, beim Stockhaarigen kurz und sehr dicht. Weiß mit Rot, Rot mit Weiß, das Rot in verschiedenen Abstufungen. Pfoten, Brust und Rutenspitze weiß.
Geeignet für: Menschen mit viel Platz (Landhaus) und Sinn für Monumentalität.
Nicht geeignet für: Menschen, die keine Beziehung zur Größe haben.
Als Familienmitglied: Fabelhafter Kinderhund, nicht sehr laut. Keine große Bewegungsfreude, obwohl man ihn zum Spaziergänger erziehen kann. Sensibel und sehr anhänglich.
Rassencharakter: Ruhig bis phlegmatisch, gutmütig. Ist unerschrocken, hat Kampftrieb und Härte. Lernt leicht. Ihre große Zeit hatten die Bernhardiner Anfang des 19. Jahrhunderts als Rettungshunde vom Hospiz des großen Sankt Bernhard. Hoher Nahrungsbedarf.
Rassetypische Krankheiten: Insgesamt widerstandsfähig, neigt zu Hauterkrankungen, klaffendem Augenlid und Hüftgelenksdysplasie. Vorsicht vor Magendrehung.
Lebenserwartung: Bis 10 Jahre.

Bobtail

»Old English Sheepdog« ist ein Hund wie aus einer schottischen Sage. Kurz, ein zauberhafter Hund.

Größe, Gewicht: Etwa 56 cm hoch; zwischen 34 und 40 kg schwer. Wirkt gedrungen. Der bei vielen Bobtails angeborene Stummelschwanz stand Pate für den Namen: Bobtail heißt übersetzt Stutzschwanz.
Fell, Farbe: Zottig strähnig, ohne Locken, mit Wasser abstoßender Unterwolle. Alle Töne von Grau, Grau meliert und Blau.
Geeignet für: Menschen, die genau einen Bobtail möchten und sich intensiv mit der Haltung beschäftigt haben.
Nicht geeignet für: Menschen, die gern Befehle geben und eine kleine Wohnung haben, die keine Zeit für die tägliche gründliche Pflege haben.
Als Familienmitglied: Sehr familienbewusst, will aber seine »kleinen Freiräume«. Verträgt sich gut mit Kindern, spielt gern.
Rassencharakter: Temperamentvoll, gutmütig, anpassungsfähig, aber auch selbstbewusst und selbstständig.
Rassetypische Krankheiten: Auf Hüftgelenksdysplasie achten. Sonst wenig bekannt.
Lebenserwartung: Bis 14 Jahre.

Border Collie

Englischer Hütehund mit spezieller Schafhütetechnik und Freude am Lernen.

Größe, Gewicht: 51 bis 55 cm; 14 bis 20 kg.
Fell, Farbe: Mittellang, dick oder kurz; weiche Unterwolle. Schwarzweiß ist am verbreitetsten. Erlaubt ist auch Schwarzbraun, Tricolor, Blue Merle und Braun. Immer weiß an Kopf (Blesse), Hals, Läufen, Pfoten und Schwanz.
Geeignet für: Menschen mit Hof und Garten, am Besten mit Tieren zum Hüten, oder die sehr viel draußen sind.
Nicht geeignet für: Stubenhocker und Menschen, die diesem Hund keine Möglichkeit geben können, seine Energie auszutoben.
Als Familienmitglied: Die Ruhigeren unter ihnen sind sehr liebe Familienhunde. Auch in der Familie brauchen sie eine Aufgabe. Sie hüten dann die Kinder!
Rassencharakter: Diese Hütehundrasse ist nach Leistung gezüchtet worden. Bis heute vorzügliche Arbeitshunde fürs Schafehüten. Sie sind leicht erziehbar und sehr lernwillig. Sie fühlen sich am wohlsten, wenn sie eine Aufgabe haben, bei der sie ihre Energie loswerden.
Rassetypische Krankheiten: Augen- und Ohrenanomalien.
Lebenserwartung: Bis 14 Jahre.

Anfänger | Erfahrene | Spezialisten | Wohnungshund | Haus mit Garten | Pflege

Briard

»Herz mit Haaren drum herum« nennt man diesen Hirtenhund in seiner französischen Heimat.

Größe, Gewicht: Bis 68 cm; bis 34 kg. Muskulös und gut proportioniert.
Fell, Farbe: Dicht, lang, ziegenhaarähnlich. Alle eindeutigen Farben außer Weiß, dunkle Farben sind vorzuziehen.
Geeignet für: Menschen, die etwas von Hunden verstehen, die Einfühlungsvermögen besitzen und eine konsequente Hand haben.
Nicht geeignet für: Alle anderen, Anfänger oder bequeme Menschen.
Als Familienmitglied: Harter Hund mit zarter Seele. Idealer Familienhund. Liebt seine Menschen über alles. Hasst es, allein zu sein. Guter Kinderhund. Schützt Haus und seine Menschen (Herdenersatz).
Rassencharakter: Lebhaft und aufgeweckt. Intelligent. Sehr temperamentvoll. Die Rasse, auch Berger de Brie genannt, entstand im Mittelalter als Herdenschutzhund und Hütehund. Kam später als offizieller Diensthund der französischen Armee zum Einsatz. Wegen der Vergangenheit als Herdenschutzhund wird die frühzeitige Sozialisation der Welpen dringend empfohlen.
Rassetypische Krankheiten: Sehr gesund.
Lebenserwartung: Bis 14 Jahre.

Bullterrier

Muskulöser Hund mit Ramskopf und unlesbarem Gesichtsausdruck.

Größe, Gewicht: 54 cm; etwa 23 bis 28 kg. Soll nicht dick, aber muskelglatt sein.
Fell, Farbe: Kurz, glatt und glänzend, fühlt sich hart an. Rein weiß mit Kopfabzeichen (Monokel); gestromt oder rot, falb oder dreifarbig.
Geeignet für: Menschen, die gut mit Hunden umgehen können, eine Familie mit Platz und eine Person, die Zeit hat.
Nicht geeignet für: Jedermann oder Menschen mit bürgerlichem Schönheitssinn.
Als Familienmitglied: Sicherer Beschützer und Wächter. Echtes Familienmitglied durch seine Liebe zu seinem Menschen. Spielt gern mit Kindern.
Rassencharakter: Willensstark bis zur Hartnäckigkeit, aber mit kundiger Hand gut lenkbar und seinem Herrn bedingungslos ergeben. Kein Raufer, aber guter Kämpfer, wenn er angegriffen wird. Schmerzunempfindlich. Ursprünglich dazu gezüchtet, gegen Bullen und seine Artgenossen zu kämpfen. Zeichnet sich durch Härte, Schnelligkeit und Mut aus.
Rassetypische Krankheiten: Empfindlich gegen Kälte und Nässe (Nieren). Taubheit bei weißen Bullterriern. Verwachsung der Herzklappen.
Lebenserwartung: Bis 14 Jahre.

Cairn Terrier

Kleiner, robuster und lebenslustiger Meutehund aus dem schottischen Hochland.

Größe, Gewicht: 28 bis 31 cm; 5,9 bis 7,5 kg.
Fell, Farbe: Raues und drahtiges Deckhaar; weiche Unterwolle. Jede Farbe außer Weiß. Charakteristisch sind dunkler Fang und dunkle Ohren.
Geeignet für: Menschen, die einen kleinen Hund mit einer lebhaften Persönlichkeit wollen.
Nicht geeignet für: Menschen, die einen ruhigen, kleinen Hund wollen und nicht viel Durchsetzungskraft haben.
Als Familienmitglied: Als Kinderhund ist er wegen seiner Robustheit geeignet. Als Begleithund ist er freundlich und temperamentvoll.
Rassencharakter: Wachsam, aber kein Kläffer. Temperamentvoll und lebhaft. Tapferer kleiner Hund, der ursprünglich gezüchtet wurde, um in Meuten in Steinwälle zu kriechen und dort das Raubzeug auszurotten. Ein sehr selbstständiger Hund, der neugierig ist und klare Befehle braucht.
Rassetypische Krankheiten: Hautkrankheiten.
Lebenserwartung: Bis 14 Jahre.

Cavalier King Charles

Ein graziöser Kleinspaniel mit ausdrucksvollen Augen, schwachem Stopp und kurzem Fang.

Größe, Gewicht: Bis 33 cm; 4 bis 8 kg. Elegant und kräftig.
Fell und Farbe: Lang, seidig und ohne Locken, leichte Wellen erlaubt. Schwarzweiß mit roten Abzeichen. Auch Kastanienbraun auf perlweißem Grund (Blenheim), Schwarzrot oder Tiefrot (Ruby) oder Black and Tan.
Geeignet für: Menschen, die den typischen Spaniel »etwas handlicher« wollen.
Nicht geeignet für: Menschen, die einen ausgesprochenen Luxushund (auf dem Sofa) möchten.
Als Familienmitglied: Leicht erziehbar, liebt lange Spaziergänge und kann trotzdem in kleiner Wohnung gehalten werden. Gut gelaunt und lebhaft. Sehr zutraulich und anhänglich.
Rassencharakter: Wesensfest, kinderlieb (was bei Kleinhunden nicht so üblich ist) und verträglich mit anderen Hunden und Heimtieren. Guter Jäger.
Rassetypische Krankheiten: Angeborene Lidanomalie (Distichiasis), ein Misswuchs der Wimpern. Knieluxation. Ohrenentzündungen. Insgesamt jedoch robuste Gesundheit.
Lebenserwartung: Bis 14 Jahre.

Chihuahua

Dieser winzige Hund hat seinen Namen von einem mexikanischen Ort am Fuß der Sierra Madre.

Größe, Gewicht: Nie über 20 cm; zwischen 500 g und 2,5 kg. Graziös.
Fell, Farbe: Kurz, dicht und glänzend oder lang und weich. Alle Farben, einfarbig, gefleckt oder gesprenkelt.
Geeignet für: Menschen, die einen wirklich handlichen Schoßhund möchten.
Nicht geeignet für: Menschen, die mit kleinen Dingen nichts anfangen können.
Als Familienmitglied: Sehr anhänglich, bellt so gut wie gar nicht, sondern murrt ganz typisch und kündigt so Verdächtiges an. Hochintelligent. Kein Kinderhund.
Rassencharakter: Widerstandsfähig, mutig und unerschrocken. Liebt natürlich auch Bewegung. Sehr lebhaft. Ursprünglich aus einer Kreuzung von chinesischen Hunden (die von Händlern in Mexiko zurückgelassen wurden) und eingeborenen Nackthunderassen entstanden.
Rassetypische Krankheiten: Geburtsschwierigkeiten und Zahnprobleme.
Lebenserwartung: Bis 14 Jahre.

Chow-Chow

Ein löwenhafter, stolzer, in sich ruhender Hund mit seltsam stelzendem Gang.

Größe, Gewicht: Mindesthöhe 45,5 cm; 20 bis 32 kg. Sehr kompakter Körper.
Fell, Farbe: Üppig, dicht, gerade, mit weicher Unterwolle. Ausgeprägte Mähne. Einfarbig schwarz, rot, blau, zimt- oder cremefarben, weiß.
Geeignet für: Menschen, die das Eigenwillige lieben und auch damit umgehen können.
Nicht geeignet für: Alle, die von einem Hund unbedingten Gehorsam erwarten.
Als Familienmitglied: Aufmerksamer Wächter, sehr leiser Hund. Braucht nicht viel Bewegung. Kein Kinderhund.
Rassencharakter: Eigenwillig bis zur Aufsässigkeit. Einmann-/-frauhund. Kann kaum abgerichtet werden. An Schmeicheleien uninteressiert. Der größte Individualist unter den Hunden. Selbstbewusst und stolz. Kampfstark und mutig. Hitzeempfindlich. Stammt ursprünglich aus China, wurde vielseitig eingesetzt zur Jagd, als Zughund, Wächter und Hirtenhund. Kam erstmals 1887 nach Europa, wo er bald zum Modehund wurde.
Rassetypische Krankheiten: Anfällig für Ekzeme. Häufig kommt eine Einstülpung des Lidrandes gegen die Hornhaut des Auges (Entropium) vor.
Lebenserwartung: Bis 14 Jahre.

Cocker Spaniel

Unermüdlicher, kräftiger Jagdhund, der zum Begleithund geworden ist. Es gibt mehrere Spanielrassen.

Größe, Gewicht: Bis 41 cm; 12,5 bis 14,5 kg. Amerikanischer Cocker von 35,5 bis 38,1 cm und etwas leichter. Kompakter Körperbau.
Fell, Farbe: Anliegend und seidig, nicht wellig. Nicht zu reichliche Befiederung. Schwarz oder Rot, Schwarz mit roten Abzeichen, Schwarzweiß, Orangeweiß, Schwarzweiß mit Loh, Braunschimmel, Orangeschimmel, Braunschimmel mit Loh und Blauschimmel.
Geeignet für: Menschen, die empfindsame, zärtliche Hunde mögen, die Zeit für Fellpflege und große Spaziergänge haben.
Nicht geeignet für: Menschen, die Autorität mit Härte verwechseln.
Als Familienmitglied: Guter Familienhund. Kein zuverlässiger Wächter. Speichelt schon bei geringer Erregung. Bellt mehr im Freien als im Haus.
Rassencharakter: Von verspielt und übermütig bis zärtlich, anhänglich und sensibel. Ausgesprochen verfressen.
Rassetypische Krankheiten: Ohrenentzündung, Ekzeme in der Lefzenfalte des Unterkiefers, Bandscheibenvorfall. »Cocker-Wut« erwachsener, roter Rüden (beißen ohne Vorwarnung).
Lebenserwartung: Bis 16 Jahre.

Collie

Sehr schöner, langhaariger schottischer Schäferhund. Innerhalb von 100 Jahren zweimal Modehund.

Größe, Gewicht: Bis 61 cm; bis 30 kg. Langer Körper mit tiefer Brust.
Fell, Farbe: Lang, sehr dicht und hart, beim Kurzhaar-Collie kurz und dicht. Gelbweiß, Tricolor (schwarz mit rostbraunen Abzeichen) und Blue Merle.
Geeignet für: Alle, die das Schöne lieben und Zeit für die aufwändige Fellpflege haben.
Nicht geeignet für: Menschen, die einen Hund wollen, der wie Lassie handelt.
Als Familienmitglied: Will immer mit seiner Familie zusammen sein. Verlangt, dass man sich mit ihm beschäftigt. Guter Kinderhund. Ist wachsam und zeigt das auch durch Gebell. Haart naturgemäß und bringt Schmutz ins Haus.
Rassencharakter: Distanziert. Fremden gegenüber misstrauisch. Lernt gut und ist folgsam. Seelisch sensibel. Zur Collie-Familie gehören noch der kurzhaarige Collie, Bearded Collie, Border Collie (siehe Seite 119) und Sheltie.
Rassetypische Krankheiten: Augenanomalien und Sehstörungen. »Collie-nose«, ein Ekzem der unpigmentierten Nasenoberfläche bei Sonnenbestrahlung.
Lebenserwartung: Bis 15 Jahre.

Anfänger | Erfahrene | Spezialisten | Wohnungshund | Haus mit Garten | Pflege

Dackel

War ursprünglich als Erd- und Stöberhund gezüchtet worden. Für den Jäger ein Universalhund.

Größe, Gewicht: Verschiedene Größen und Gewichtsklassen. Normaldackel: 35 bis höchstens 45 cm; 5 bis 9 kg. Zwergdackel: bis 35 cm; 4 kg. Kaninchendackel: bis 30 cm; bis 3,5 kg.
Fell, Farbe: Kommt in drei Behaarungstypen vor. Langhaar: weich, schlicht, seidenartig, an der Rute als Fahne; einfarbig rot oder zweifarbig schwarzbraun. Rauhaar (Foto): drahtiges, dichtes, mit Unterwolle durchsetztes Haar; Kinnbart und buschige Augenbrauen; alle Farben, besonders aber saufarben. Kurzhaar: kurz, dicht, glänzend; einfarbig rot oder zweifarbig schwarzbraun.
Geeignet für: Jedermann.
Nicht geeignet für: Alle, die inkonsequent sind.
Als Familienmitglied: Bei konsequenter Erziehung besser als sein Ruf. Guter, wenn auch lärmender Wächter. Familienverträglich.
Rassencharakter: Hart, quicklebendig. Mutig, ausgeprägte Persönlichkeit, dabei klug und gelehrig. Im Hof treue, scharfe, zuverlässige Wächter.
Rassetypische Krankheiten: Wirbelsäulenerkrankungen (Dackellähme, Rheuma, Verknöcherungen). Rüden sind anfällig für Harnsteine, bei roten Langhaardackeln Cocker-Wut.
Lebenserwartung: Bis 14 Jahre.

Dalmatiner

Ein fröhlicher Dauerläufer, der mit seiner Tüpfelung weithin auffällt. Ein besonders »bunter« Hund.

Größe, Gewicht: 50 bis 61 cm; bis 25 kg schwer. Wohlproportioniert und muskulös.
Fell, Farbe: Kurz, hart, dicht, glatt und glänzend. Rein weiß mit klar abgegrenzten und gut verteilten Tupfen in Schwarz oder Braun.
Geeignet für: Sportlich ambitionierte Familien mit Kindern, die gern Fahrrad fahren oder reiten.
Nicht geeignet für: Menschen, die gemütliche Hunde lieben oder nicht auffallen wollen.
Als Familienmitglied: Wachsam, nicht bissig, nicht laut, geringe Jagdleidenschaft. Will seinen Herrn »nie aus der Nase verlieren«.
Rassencharakter: Unkompliziert und fröhlich, daher leicht erziehbar. Anpassungsfähig, anschmiegsam. Große Lust am Laufen und sehr ausdauernd. Früher Begleithund für Reiter und Kutschen, später Feuerwehren vorauslaufend, um den Weg freizumachen. Wegen seines Aussehens und seiner Gelehrigkeit auch Artistenhund.
Rassetypische Krankheiten: Insgesamt nicht anfällig. Angeborene Taubheit. Ekzeme durch zu hohen Harnsäurespiegel, Harnsteinbildung.
Lebenserwartung: Bis 14 Jahre.

Deutsche Dogge

Ein Riesentier mit langer Geschichte, von seinen Züchtern als der »Apoll unter den Hunden« bezeichnet.

Größe, Gewicht: Mindestschulterhöhe bei Rüden 80 cm; 46 bis 54 kg Minimum, meist 85 kg und mehr. Wohlproportionierter Körper. Durch Größe und Kopf Aufsehen erregende Erscheinung.
Fell, Farbe: Kurz, dicht, glatt und glänzend. Fünf Farbenschläge: gelb, gestromt, weißschwarz gefleckt, schwarz und blau.
Geeignet für: Hundeverständige mit viel Platz.
Nicht geeignet für: Anfänger und Menschen mit voll gestellten Zimmern.
Als Familienmitglied: Lieber Hund, der wenig bellt. Guter Wächter, wirkt durch Abschreckung. Misstrauisch gegen Fremde.
Rassencharakter: Selbstbewusst, souverän, kein Raufer. Ruhig und sensibel, freundlich zu Kindern. Ursprünglich als Bullenbeißer und Hetzhund im Mittelalter eingesetzt. Seit Bismarck zum Nationalhund gemachter ständiger Begleiter und Wachhund. War immer schon ein Renommierhund, man sollte ihn aber nicht aus Prestigegründen halten. Hoher Nahrungsbedarf.
Rassetypische Krankheiten: Magendrehung nach hastigem Fressen und Toben; Herzklappeninsuffizienz.
Lebenserwartung: Bis 10 Jahre.

Deutscher Boxer

Ein unerschrockener Verteidiger und Beschützer. Immer, bis ins hohe Alter, zum Spielen aufgelegt.

Größe, Gewicht: Schulterhöhe Rüde 57 bis 63 cm, Hündin ab 53 cm; etwa 30 kg. Starkknochiger, quadratischer Körper.
Fell, Farbe: Kurz und glänzend, hart, eng am Körper anliegend. Dunkelhirschrot bis gelb, Mitteltöne am beliebtesten, auch gestromt. Schwarze Maske auf Schnauze begrenzt.
Geeignet für: Sportliche Familien, möglichst mit Kindern, die nicht zu beengt wohnen.
Nicht geeignet für: Menschen, die Nippes besitzen, die selbst zart und zerbrechlich sind, Stubenhocker und alte Menschen.
Als Familienmitglied: Guter Wächter und Familienhund, sehr kinderlieb. Angenehmer, wenn auch temperamentvoller Mitbewohner.
Rassencharakter: Robust, intelligent, leicht lenkbar bei konsequenter Erziehung. Temperamentvoll und mutig. Neigt zum Schmusen. Nicht unbedingt freundlich anderen Hunden gegenüber.
Rassetypische Krankheiten: Versteifung der Wirbelsäule im Alter. Ab dem achten Lebensjahr krebsanfälliger als andere Rassen. Neigung zu Allergien, auch Hüftgelenksdysplasie.
Lebenserwartung: Bis 10 Jahre.

Anfänger Erfahrene Spezialisten Wohnungshund Haus mit Garten Pflege

Deutscher Schäferhund

Der beliebteste Gebrauchshund der Welt und die bekannteste Hunderasse.

Größe, Gewicht: Bis 65 cm; 30 bis 43 kg. Rüde und Hündin müssen unterscheidbar sein.
Fell, Farbe: Dichtes Stockhaar mit guter Unterwolle, buschig behaarte Rute. Schwarz mit regelmäßigen braunen, gelben bis hellgrauen Abzeichen oder rein schwarz.
Geeignet für: Menschen, die einen gelehrigen Hund wollen und Zeit haben, ihn auszubilden. Menschen, die einen sehr guten Wachhund brauchen.
Nicht geeignet für: Alte, zarte und wenig energische Menschen oder mit kleiner Wohnung.
Als Familienmitglied: Liebt den nahen Umgang mit seiner Familie. Kann ein Beller werden.
Rassencharakter: Gelehrig, mit großer Unterordnungsbereitschaft. Braucht eine gründliche Erziehung. Mutig, aber auch sensibles Temperament. Ursprünglich als Hütehund im Einsatz, seit Gründung des Vereins für Deutsche Schäferhunde (SV) 1899 als Gebrauchshund vielseitig einsetzbar (Rettungshund, Blindenhund, Bewachungsdienste bei der Polizei, Familienhund).
Rassetypische Krankheiten: Hüftgelenksdysplasie. Als Neurose übertriebene Ängstlichkeit.
Lebenserwartung: Bis 14 Jahre.

Deutscher Spitz

Den Spitz gibt es in fünf Varietäten, die sich durch Größe und Handlichkeit unterscheiden.

Größe, Gewicht: Wolfsspitz: 55 cm; 25 bis 28 kg. Großspitz: 40 bis 50 cm; 25 kg. Mittelspitz: 32 cm; bis 11 kg. Kleinspitz: 23 bis 28 cm; mindestens 3,2 kg. Zwergspitz: bis 22 cm; unter 3,2 kg. Gerader Rumpf mit kurzem Rücken.
Fell, Farbe: Locker vom Körper gerade abstehendes Haar. Von Wolfs- und Silbergrau über Schwarz, Weiß, Braun, Orange bis Blau und Creme.
Geeignet für: Menschen ohne lärmempfindliche Nachbarn.
Nicht geeignet für: Menschen, die Probleme mit langen Hundehaaren haben.
Als Familienmitglied: Je kleiner, desto bellfreudiger. Misstrauisch gegen Fremde, guter Wächter. Haustreu.
Rassencharakter: Intelligent und lernfähig, gut zu führen. Anhänglich und treu. Liebenswürdig und freundlich zur eigenen Familie. Großspitze sind zuverlässige Begleithunde, kleine Spitze Stadthunde, Zwergspitze Schoßhunde. Von nordischen Hütehunden abstammend.
Rassetypische Krankheiten: Im Allgemeinen gesund und robust. Bei Zwergspitzen Neigung zu Harnsteinen und Kniescheibenluxation.
Lebenserwartung: Bis 14 Jahre.

Dobermann

Kräftig und muskulös, von großer Schnelligkeit und unbestechlicher Wachsamkeit.

Größe, Gewicht: Bis 72 cm; bis 45 kg. Sehr elegante Erscheinung.
Fell, Farbe: Kurz, hart und dicht. Schwarz, dunkelbraun oder blau mit rostrotem, scharf abgesetztem Brand.
Geeignet für: Sportskameraden oder Menschen, die einen guten Wachhund suchen.
Nicht geeignet für: Menschen, die weder sportlich noch reaktionsschnell sind und nicht bewacht werden wollen.
Als Familienmitglied: Kommt er bereits als Welpe in die Familie, ist er sehr lieb zu seiner Familie und den Kindern.
Rassencharakter: Temperamentvoll, furchtlos, wesensfest, von natürlicher Schärfe. Durch die straff gespannte Gesichtshaut lässt sich die Stimmung des Hundes nicht gut deuten. Seelisch empfindsam. Eigentlich ein typischer Einmannhund. Im 19. Jahrhundert von Louis Dobermann als Schutzhund in Deutschland gezüchtet.
Rassetypische Krankheiten: Neigung zu Haarausfall.
Lebenserwartung: Bis 14 Jahre.

English Bulldog

Einer der liebevollsten Familienhunde. Ein inzwischen seltener Hund mit mächtigem Schädel.

Größe, Gewicht: Höhe nicht vorgeschrieben (um 40 cm); bis 25 kg. Gutmütiges Kraftpaket.
Fell, Farbe: Dicht, kurzhaarig und fein. Weiß, rötlich, rotgelb, fahlgelb oder gestromt. Die Klarheit ist wichtiger als der Ton, nur Schwarz ist auch in Flecken verpönt.
Geeignet für: Familien mit Kindern, die einen besonderen Geschmack haben. Für Individualisten, die akzeptieren, dass auch ein Hund eine eigene Persönlichkeit ist.
Nicht geeignet für: Sportler oder Menschen, die einen perfekt gehorchenden Hund wollen.
Als Familienmitglied: Gutmütig, geduldig, sehr selten nervös, unbestechlich. Von hoher Reizschwelle.
Rassencharakter: Sehr stur, so dass auch eine konsequente Erziehung nur wenig fruchtet. Starke Persönlichkeit. Zeigt mehr Interesse an seinen Menschen als an anderen Hunden. Ursprünglich als berühmt-berüchtigter Kampfhund gegen Bullen, Bären und Dachse gezüchtet.
Rassetypische Krankheiten: Schweratmigkeit und Deckunlust. Häufig Kaiserschnitt bei den Hündinnen. Insgesamt aber robust.
Lebenserwartung: Bis 10 Jahre.

Entlebucher Sennenhund

Die kleinste der vier Sennenhundrassen mit liebenswertem Wesen. Vom Äußeren her eher ein Tiefstapler.

Größe, Gewicht: Bis 50 cm; 25 bis 30 kg. Gestrecktes Format. Angeborener Stummelschwanz.
Fell, Farbe: Kurz, fest, hart und glänzend. Schwarz mit leuchtend braunrotem Brand und weißen Abzeichen. Wird von Laien oft für einen Mischling gehalten.
Geeignet für: Menschen, die einen temperamentvollen Hund wollen, der sofort weiß, was von ihm verlangt wird.
Nicht geeignet für: Menschen, die den Schein mehr schätzen als das Sein.
Als Familienmitglied: Guter Familienhund. Er kann sich ganz auf seine Menschen einstellen und verteidigt sie mit großem Mut und großer Intensität. Sehr wachsam, mit erträglichem Bellvolumen. Wird nie lästig. Kann auch in Stadtwohnungen gehalten werden. Angenehmer Begleithund.
Rassencharakter: Mittleres Bewegungsbedürfnis. Kein Raufer. Spielt gern, wird im Alter gesetzter. Ausgeprägter Hütetrieb, keine Jagdleidenschaft. Sehr lernfreudig. Ursprünglich in der Schweiz vor allem zum Treiben von Rindern eingesetzt.
Rassetypische Krankheiten: Kaum krankheitsanfällig. Neigung zum Dickwerden.
Lebenserwartung: Bis 14 Jahre.

Eurasier

Wurde in den 1950er-Jahren in Weinheim/Bergstraße aus Chow-Chow, Wolfsspitz und Samojede gezüchtet.

Größe, Gewicht: Bis 60 cm; je nach Größe zwischen 20 und 32 kg.
Fell, Farbe: Mittellanges, loses Granhaar mit dichter Unterwolle. Rot, falb, wolfsgrau, schwarz oder schwarz mit andersfarbigen Abzeichen.
Geeignet für: Familien mit Kind oder Kindern. Von der großen Wohnung an aufwärts, besser mit Garten. Leiser Hund.
Nicht geeignet für: Menschen, die vom Einmannhund träumen.
Als Familienmitglied: Guter Familienhund, passt sich hervorragend an. Angenehmer, ruhiger Wächter von aufgeschlossenem Wesen. Lernt leicht. Spielt gern, braucht viel seelische Zuwendung.
Rassencharakter: Achtet darauf, was sein Herr von ihm will. Hat natürlichen Appell und lernt deshalb leicht. Geringer Jagdtrieb. Eine gelungene Verschmelzung vom Temperament des Wolfsspitzes mit dem ruhigen Charakter und der gebremsten Bellfreudigkeit des Chow-Chow.
Rassetypische Krankheiten: Nicht bekannt.
Lebenserwartung: Bis 14 Jahre.

Flat-Coated Retriever

Eleganter, seltener, familienfreundlicher Jagdhund, der in England gezüchtet wurde.

Größe, Gewicht: 56 bis 61 cm; 25 bis 35 kg. Wohlproportionierter, kräftiger Hund.
Fell, Farbe: Dicht, von feiner Struktur, so flach anliegend wie möglich, bei mittelstarker Befiederung. Schwarz oder Leberfarben.
Geeignet für: Menschen, die viel draußen leben und sich bewegen.
Nicht geeignet für: Stubenhocker.
Als Familienmitglied: Er ist durch seine leichte Erziehbarkeit und Freundlichkeit ein angenehmer Familienhund, der aber doch seinen Auslauf braucht.
Rassencharakter: Intelligent und lebhaft. Ursprünglich in England als Hund für Berufsjäger entstanden, vermutlich aus der Kreuzung von Labradorahnen und britischen Settern. Ein gehorsamer, nahe bei seinem Herrn arbeitender Hund, der gut zu Wasser und zu Land apportiert und gut Wild im Gebirge aufstöbern kann. Er ist leicht erziehbar und ordnet sich leicht unter.
Rassetypische Krankheiten: Wimpernanomalien.
Lebenserwartung: Bis 14 Jahre.

Foxterrier

Ein Wirbelwind von Hund, ständig bereit und zur Stelle, streitlustig, tollkühn und unternehmungslustig.

Größe, Gewicht: Bis 39 cm hoch; etwa 8 kg. Immer gespannt wie eine Stahlfeder.
Fell, Farbe: Glatthaar: hart, dicht und reichlich; überwiegend weiß mit braunen oder schwarzen Abzeichen und Kopfzeichnung. Drahthaar (Foto): kraus und geschlossen; man soll das Fell mit dem Finger nicht bis zur Haut teilen können. Die Unterwolle ist weich. Farben wie beim Glatthaar.
Geeignet für: Menschen, auch mit Kindern, die sich kaum aus der Ruhe bringen lassen.
Nicht geeignet für: Ängstliche, unsichere und nervöse Menschen ohne rechte Konsequenz.
Als Familienmitglied: Guter Wächter, auch für das Auto; sehr temperamentvoll, kann laut sein. Unermüdlicher Kinderhund; echter Kumpan für gemeinsame Abenteuer. Will beschäftigt werden.
Rassencharakter: Intelligent, nützt Schwächen aus. Wesensfest und draufgängerisch. Kann auch stundenlang ruhig vor einem Rattenloch sitzen. Zu Beginn des 19. Jahrhunderts waren Foxterrier Fuchsjäger bei der Parforcejagd.
Rassetypische Krankheiten: Harnsteine, Glaukom und Altersdiabetes. Der Tierarzt sieht Foxterrier aber meist nur wegen Bisswunden.
Lebenserwartung: Bis 14 Jahre.

Französische Bulldogge

Unerschrocken, mutig und immer auf engen Kontakt mit seinen Menschen bedacht.

Größe, Gewicht: Bis 30 cm; bis 13 kg. Untersetzt und kräftig, kurzleibig.
Fell, Farbe: Kurz, dicht und glänzend. Von weiß bis schwarz, auch gestromt.
Geeignet für: Menschen, die einen handlichen Hund aus der Doggenfamilie möchten.
Nicht geeignet für: Menschen, die in mehrstöckigen Häusern ohne Lift in oberen Etagen wohnen.
Als Familienmitglied: Sehr anhänglich, versteht jede Stimmung. Sanft und freundlich zu Kindern. Unerschrockener, mutiger und starker Wächter, der nicht unnötig bellt.
Rassencharakter: Französische Rasse mit dem gewissen Etwas. Ein fröhlicher und lustiger Hund, nicht ohne Würde. Markante Persönlichkeit, nicht allzu unterordnungsbereit. Hitzeempfindlich und geräuschvoll beim Atmen. Wurde um 1880 aus Bulldogs unter Einkreuzen von Terriern und Möpsen in Frankreich gezüchtet.
Rassetypische Krankheiten: Verbildung der Wirbelkörper ohne krankhafte Folgen. Auch Bandscheibenvorfall. Deckunlust und Neigung zu schweren Geburten.
Lebenserwartung: Bis 10 Jahre.

Golden Retriever

Mit seinem goldfarbenen Fell der Schönste der Retriever-Familie. Vom Jagdhund zum Familienhund geworden.

Größe, Gewicht: Bis 62 cm; bis 34 kg. Symmetrisch gebauter, ausdauernder Läufer.
Fell, Farbe: Glattes Deckhaar mit Wasser abstoßender, dichter Unterwolle. Jede Tönung von Gold und Creme.
Geeignet für: Familien, die Zeit haben, sich mit ihm zu beschäftigen, und die mit ihm lange Spaziergänge machen.
Nicht geeignet für: Kleine Wohnungen oder Menschen, die am Waldrand wohnen.
Als Familienmitglied: Anhänglich, ausgeglichen, nicht aggressiv. Verträgt sich gut mit anderen Heimtieren. Unempfindlich gegen Wind und Wetter. Guter, aber kein lauter Wächter.
Rassencharakter: Freundlich, kinderlieb, leicht zu führen. Lernt gut und gern. Leidenschaftlicher Schwimmer. Erfüllt gern Aufgaben. Sehr ausdauernder, zäher Apportierhund mit guter Nase. Geschätzter Begleithund. In der zweiten Hälfte des 19. Jahrhunderts aus einem »gelben« Schlag der Flat-Coated Retriever (Apportierhunde) und Wasserspaniels gezüchtet.
Rassetypische Krankheiten: Linsentrübung im Alter.
Lebenserwartung: Bis 14 Jahre.

Hovawart

Der »Hund, der den Hof verwahrt«, hat eine lange Geschichte. Schöner, kraftvoller Hundetyp.

Größe, Gewicht: Schulterhöhe bis 70 cm; bis 40 kg. Deutliche Geschlechtsunterschiede.
Fell, Farbe: Lang, leicht gewellt, ohne Unterwolle, keine Locken, kein Scheitel. Blond, tief schwarz oder schwarzmarkenfarbig (schwarz mit blonden bis goldbraunen Marken an Kopf und Körper).
Geeignet für: Menschen, die keine Stubenhocker sind, einen ursprünglichen Hund mögen und selbst »Leithund« sein wollen und können.
Nicht geeignet für: Anfänger und Menschen, die gern andere über sich bestimmen lassen.
Als Familienmitglied: Fügt sich gut ein, wenn die leitende Hand (keine harte Hand) vorhanden ist. Guter Wach- und Schutzhund. Von beängstigender Schnelligkeit. Stimme volltönend und tief; bellt nur, wenn es notwendig ist.
Rassencharakter: Lernt gut und freudig, ist reaktionsschnell und wesensfest. Mutig und hart, kann aber auch sensibel sein. Neigt zum Einmannhund. Gehört zu den anerkannten Schutzhundrassen. Beobachtet und wägt ab, um im Notfall schnell zu handeln.
Rassetypische Krankheiten: In geringem Umfang Hüftgelenksdysplasie.
Lebenserwartung: Bis 10 Jahre.

Irish Setter

Schöne Luxusfigur mit viel Temperament, hinter der sich ein drahtiger, unermüdlicher Jäger verbirgt.

Größe, Gewicht: Schulterhöhe 63 bis 68 cm; 27 bis 32 kg. Schlank, elegant und muskulös.
Fell, Farbe: Dichtes, glatt anliegendes, teils kurzes, teils mittellanges Haar, mit fransenartigen Rändern an Bauch, Brust und Hals. Sattes Kastanienrot ohne jede Spur von Schwarz; ein kleiner weißer Fleck an Brust, Zehen oder auf der Stirn darf sein.
Geeignet für: Ästheten in Normal- bis Großwohnungen, die täglich gern zwei Stunden und mehr spazieren gehen oder Fahrrad fahren.
Nicht geeignet für: Menschen, die nicht gern unterwegs sind oder eine harte Hand haben.
Als Familienmitglied: Mäßiger Wächter. Haart naturgemäß. Anhänglich mit großem Kontaktbedürfnis.
Rassencharakter: Je nach Zucht seelisch unempfindlich bis übersensibel. Unabhängig, intelligent. Bei zu wenig Auslauf eigenwillig und dickköpfig. Bei Überzüchtung geräuschempfindlich und sogar ängstlich. Seit 200 Jahren in seinen drei Schlägen der langhaarige Vorstehhund der britischen Inseln.
Rassetypische Krankheiten: Spezielle Erkrankungsneigungen werden kaum berichtet.
Lebenserwartung: Bis 15 Jahre.

Irish Wolfhound

Größte Hunderasse der Welt. Gutes Benehmen, hat eine ruhige, unaufdringliche Art.

Größe, Gewicht: Schulterhöhe beim Rüden um 79 cm; Mindestgewicht um 55 kg bei Rüden. Starker und imposanter Körper.
Fell, Farbe: Rau und hart an Körper, Beinen und Kopf, besonders hart und lang über den Augen und am Unterkiefer. Grau, gestromt, rot, schwarz, rein weiß und rehfarben.
Geeignet für: Ausgeglichene Menschen mit großem Grundstück mit Garten und so viel Einkommen, dass sie diesen Hund richtig halten und ernähren können.
Nicht geeignet für: Menschen in der Stadt, die durch ihren Hund auffallen wollen.
Als Familienmitglied: Angenehmer Mitbewohner, da er sich in Räumen sehr beherrscht und ruhig bewegt. Braucht sichere oder feste, aber keine harte Erziehung. Ungeeignet für Zwinger.
Rassencharakter: Insgesamt friedfertig; kein großer Wächter, wirkt aber abschreckend, obwohl er Fremden gegenüber zurückhaltend-freundlich ist. Darf nicht scharf gemacht werden.
Rassetypische Krankheiten: Wenig untersucht. Beschrieben wird nur Neigung zu Nasenschleimhauterkrankungen (Rhinitiden).
Lebenserwartung: Bis 10 Jahre.

Jack Russell Terrier

Kleiner, lebhafter Begleithund mit der Energie und dem Willen eines großen Hundes.

Größe, Gewicht: 23 bis 30,5 cm oder 30,5 bis 38 cm; 5 bis 8 kg.
Fell, Farbe: Rauhaarig oder glatt; zumindest 51 Prozent Weiß mit dreifarbigen, braunen oder schwarzen Abzeichen. Der vollständige Name dieser Rasse lautet Parson Jack Russell Terrier.
Geeignet für: Menschen, die mit einem Energiebündel als Hund umgehen können und ihm viel Auslauf bieten.
Nicht geeignet für: Menschen, die einen kleinen, ruhigen Hund wollen und nicht konsequent sein können.
Als Familienmitglied: Freundlich und liebevoll gegenüber Menschen, hat einen einmaligen Humor. Ist ein unermüdlicher Spielgefährte für Kinder und ein guter Haushund.
Rassencharakter: Beweglicher, jagdbegeisterter Hund. Ursprünglich für die Fuchsjagd gezüchtet, um den Fuchs aus seinem Bau zu treiben. Später auch als Rattenjäger. Er vergisst sogar seine Grundbedürfnisse, wenn er nur Witterung der Beute hat. Er braucht deshalb eine konsequente Erziehung.
Rassetypische Krankheiten: Neurologische Degenerationskrankheiten.
Lebenserwartung: Bis 14 Jahre.

Kleiner Münsterländer

Ein schöner Jagdhund mit weichem Wesen. Gut als Kinderhund geeignet.

Größe, Gewicht: Kleiner Münsterländer: 50 bis 56 cm; etwa 15 kg. Großer Münsterländer: 59 bis 61 cm; 25 bis 29 kg.
Fell und Farbe: Schlicht, mittellang, mit Befiederung. Beim Kleinen Münsterländer weiß und braun, braun geschimmelt. Beim Großen Münsterländer schwarz und weiß.
Geeignet für: Menschen, die sich gern bewegen und viel draußen sind.
Nicht geeignet für: Stubenhocker und Menschen, die einen ruhigen Hund suchen.
Als Familienmitglied: Passt sich an, ist sehr kinderfreundlich. Braucht täglich ausgedehnten Auslauf. Zuverlässiger Wächter.
Rassencharakter: Empfindlich gegenüber Druck, möchte der Kleine Münsterländer gefallen und ist sehr auf seinen Besitzer fixiert. Gehorsam, freundlich zu Tieren und zu Kindern. Ursprünglich als Vorstehhunde gezüchtet, von denen dann nur noch braunweiße anerkannt wurden. Aus den schwarzweißen entstand der Große Münsterländer. Allzweckjagdhund, besonders geeignet zum Vorstehen und Apportieren.
Rassetypische Krankheiten: Kaum bekannt.
Lebenserwartung: Bis 10 Jahre.

Kromfohrländer

Die jüngste deutsche Hunderasse entstand aus einem Drahthaarfox und einem bretonischen Griffon.

Größe, Gewicht: Schulterhöhe 38 bis 46 cm; je nach Größe 12 bis 14 kg.
Fell, Farbe: Dicht mit Unterwolle. Zwei Schläge: Rauhaar verschiedener Länge; Stockhaar (Foto). Weiß mit brauner Zeichnung.
Geeignet für: Menschen mit kleiner Wohnung, die Temperament nicht scheuen.
Nicht geeignet für: Menschen, die sich mit einem deutlich erkennbaren Rassehund schmücken wollen.
Als Familienmitglied: Ausgesprochen anhänglich und spielfreudig. Guter Kinderhund. Erziehung problemlos, er lernt schnell und viel.
Rassencharakter: Wachsam, vital und intelligent. Misstrauisch gegenüber Fremden. Speziell als Familienhund gezüchtet worden. Der Name kommt aus seiner Siegerländer Heimat: »Krom fohr« heißt krumme Furche nach einem Höhenzug nahe dem Wohnort der Züchterin.
Rassetypische Krankheiten: Sehr robuster und widerstandsfähiger Hund. Sonst nichts bekannt.
Lebenserwartung: Bis über 14 Jahre.

Kuvasz

Sein Name ist türkisch und bedeutet Sicherheitswächter. Seine Nationalität ist jedoch ungarisch.

Größe, Gewicht: Bis 76 cm; bis 50 kg. Groß und wohlproportioniert.
Fell, Farbe: Derb und gewellt mit feiner Unterwolle, Rute mit Fahne. Rein weiß, darf auch elfenbeinfarben sein.
Geeignet für: Könner, die einen unbestechlichen Wächter wollen.
Nicht geeignet für: Anfänger, die vom großen, starken Hund träumen.
Als Familienmitglied: Lebhaft. Anhänglich. Verträgt keine Ungerechtigkeit. Sehr lieb zu den Kindern der Familie (»seiner Herde«), misstrauisch bis gefährlich gegen fremde Kinder. Wegen der Herdenschutzeigenschaften als Familienhund nicht geeignet. Kann bei engem Familienkontakt im Freien gehalten werden.
Rassencharakter: Sehr mutig, guter Wächter, berühmt für seine Klugheit. Unterwirft sich nicht leicht. Ursprünglich als Herdenschutzhund gezüchtet, der seine Herde gegen Raubtiere schützt und alles tötet, was sich ihr nähert oder sie gefährdet. Kann ohne Unterbrechung bis zu 25 km traben. Hoher Nahrungsbedarf.
Rassetypische Krankheiten: Nicht bekannt.
Lebenserwartung: Bis 10 Jahre.

Labrador Retriever

Retriever bedeutet Apportierhund. Zudem ist dieser stabile, leicht zu führende Hund ein Wasserspezialist.

Größe, Gewicht: 55 bis 57 cm; 25 bis 34 kg. Von massiger Stabilität.
Fell, Farbe: Kurz, fest, dicht; ohne Wellen und ohne Befiederung an Läufen und Rute. Wasser abstoßendes Unterhaar. Rute rundum mit dickem, festem Fell bedeckt (Otterrute). Schwarz, braun oder gelb, von einheitlicher Farbe ohne Flecken.
Geeignet für: Familien mit Kindern, die viel spazieren gehen und sich gern und ausdauernd mit ihrem Hund beschäftigen.
Nicht geeignet für: Stubenhocker, Großstadtmenschen und Menschen, die wenig Zeit haben.
Als Familienmitglied: Sehr kinderlieb, freundlich und gut erziehbar. Verträglich mit anderen Hunden und Heimtieren. Relativ guter Wächter. Sehr anhänglich, kein Zwingerhund.
Rassencharakter: Nicht laut, sehr wesensfest, auch im Großstadtverkehr. Unerschrocken und sehr ausdauernd. Erfolgreich im Rauschgiftaufspüren, auch als Blindenhund geeignet.
Rassetypische Krankheiten: Hüftgelenksdysplasie, in bestimmten Familien Bluterkrankheit. Insgesamt robust und widerstandsfähig.
Lebenserwartung: Bis 14 Jahre.

Leonberger

Ein seltener, majestätischer Hund mit weichem Herzen. Besonders lieb zu Kindern.

Größe, Gewicht: 65 bis 80 cm; 36 bis 68 kg.
Fell, Farbe: Mittel bis lang, am Körper sehr dicht, an Gesicht und Vorderläufen kurz. Gut ausgebildete Mähne an Hals und Brust. Rost- oder gelbbraun, hellgelb mit dunkler Maske.
Geeignet für: Menschen mit Platz, Kindern und Schwimmgelegenheiten.
Nicht geeignet für: Allein lebende Menschen mit beengten Wohnverhältnissen.
Als Familienmitglied: Er ist zu Kindern besonders liebevoll. Ließe man ihm die Wahl, würde er stundenlang begeistert neben einem Kinderlaufstall bleiben.
Rassencharakter: Liebt Menschen, ist sehr arbeitsam und hat eine ausgesprochene Wasserpassion von seinen Ahnen geerbt. Er zeigt sich von kleinen Tieren fasziniert und ist freundlich mit anderen Hunden. Ursprünglich wurde er aus einer Kreuzung von Landseer mit Neufundländern und Bernhardinern gezüchtet. Die Hunde sollten mit ihrem löwenhaften Aussehen als Statussymbol für die Stadt Leonberg dienen.
Rassetypische Krankheiten: Knochenwachstumsstörungen und Hüftgelenksdysplasie.
Lebenserwartung: Bis 10 Jahre.

Mops

Der kleinste Molosser ist ein stämmiger, ebenmäßiger Zwerghund von besonderem Aussehen.

Größe, Gewicht: Bis 32 cm hoch; bis 8 kg schwer.
Fell, Farbe: Kurz, glänzend; silbergrau bis apricotfarben mit tiefschwarzer Maske und Aalstrich auf dem Rücken.
Geeignet für: Hundeanfänger, die einen unkomplizierten, ruhigen Hund wollen, der auch in eine kleine Wohnung passt.
Nicht geeignet für: Konventionelle Menschen, die eigentlich von einem Schäferhund träumen.
Als Familienmitglied: Angenehm, da weder nervös noch schlafmützig. Kein Kläffer. Guter Wächter. Sehr anhänglich.
Rassencharakter: Liebenswürdig, verspielt. Stilles, fröhliches Wesen. Manchmal phlegmatisch. Hochintelligent. Ursprünglich stammt dieser Hund aus China und kam mit den Händlern im 16. Jahrhundert nach Holland.
Rassetypische Krankheiten: Gefahr von Hornhautentzündungen des Auges (Keratitis) und Geschwüren (Ulcus corneae). Neigt zu Erkältungen und zum Dickwerden. Sonst robust.
Lebenserwartung: Bis 15 Jahre.

Anfänger Erfahrene Spezialisten Wohnungshund Haus mit Garten Pflege

Neufundländer

Ein gewaltiger Hund mit massigem Kopf, sanften Augen und begeisternden Schwimmeigenschaften.

Größe, Gewicht: Bis 75 cm hoch; je nach Größe 50 bis 69 kg. Figur mächtig und kräftig.
Fell, Farbe: Lang, schlicht und dicht. Fühlt sich hart, fast grob und fettig an. Wasser abstoßend. Schwarz, Schwarz mit Anflug von Rostbraun. Braun möglich, aber selten. Der größere Schwarzweiße wird seit 1960 als eigene Rasse, Landseer, geführt.
Geeignet für: Menschen mit Kindern, viel Platz und die sich viel am Wasser aufhalten.
Nicht geeignet für: Großstadtbewohner oder Besitzer von Kleinwohnungen.
Als Familienmitglied: Gutmütig. Ausgeprägter Schutztrieb, Schwache gegen Stärkere zu verteidigen. Deshalb idealer Kinderhund. Bewegt sich in der Wohnung vorsichtig. Kann bei Familienanschluss im Freien gehalten werden.
Rassencharakter: Friedfertig. Guter Wächter, der wenig bellt. Sehr an seine Menschen gebunden, erträgt es nicht, wenn er in fremde Hände kommt. Sehr Wasser liebend, bester Schwimmer unter den Hunden. Hoher Nahrungsbedarf.
Rassetypische Krankheiten: Hüftgelenksdysplasie; Verengung der Aorta.
Lebenserwartung: Bis 10 Jahre.

Pekingese

Aus kaiserlich-chinesischer Zucht. Ein edler, exotischer Hund mit seltsam rollendem Gang.

Größe, Gewicht: 15 bis 25 cm hoch; bis 5,5 kg schwer. Starkknochig, Körper tief am Boden.
Fell, Farbe: Doppelfell mit dicker Unterwolle und langen, geraden Oberhaaren. Trägt eine Mähne. Alle Farben erlaubt.
Geeignet für: Menschen mit Sinn für das Besondere, die keine Kinder haben.
Nicht geeignet für: Kinderreiche Familien oder Menschen, die »eben nur einen Hund« wollen.
Als Familienmitglied: Wachsam, das äußert sich durch Bellen. Anlage zum Tyrannen.
Rassencharakter: Selbstbewusst und furchtlos. Draufgänger von starker Eigenwilligkeit. Anhänglich bis zur Eifersucht. Kein Kinderhund. Ursprünglich als Hund mit löwenähnlichem Aussehen zum Abschrecken der bösen Geister an den chinesischen Kaiserhöfen (daher der Name Peking-Palasthund) gehalten. Avancierte im 19. Jahrhundert zum Liebling des Kaiserhofes und kam durch die Engländer nach Europa.
Rassetypische Krankheiten: Sehr schwierige Geburten. Bandscheibenvorfall und Kniescheibenluxation. Misswuchs der Wimpern nach innen (Trichiasis).
Lebenserwartung: Bis 18 Jahre.

Pudel

Liebenswerter, umgänglicher Hund. Immer munter und zu allem bereit.

Größe, Gewicht: Wird in drei Größenklassen gezüchtet. Großpudel: 45 bis 58 cm; bis 22 kg. Kleinpudel: 35 bis 45 cm; ca. 15 kg. Zwergpudel: 28 bis 35 cm; etwa 4 kg. Quadratischer Körper von harmonischer Form.
Fell, Farbe: Dichtes, wolliges, derbes und gelocktes Haar. Schwarz, weiß, grau, eindeutig braun, einheitlich silber- und apricotfarben.
Geeignet für: Alleinstehende sowie Familien mit Kindern, die in der Großstadt leben und einen lieben, gelehrigen Hund wollen.
Nicht geeignet für: Herrische, ungeduldige oder nervöse Naturen.
Als Familienmitglied: Eher uninteressiert an anderen Hunden; konzentriert seine Aufmerksamkeit ganz auf seine Familie. Guter Wächter, beim Großpudel auch recht effektiv. Pudel haaren nicht.
Rassencharakter: Sehr anhänglich, kontaktfreudig und gelehrig, leicht zu erziehen.
Rassetypische Krankheiten: Vornehmlich Zwergpudel: nervöses Pfotenlecken mit Haareausziehen, Entzündung der Mandeln, Harnsteine, Bandscheibenvorfall, epileptiforme Anfälle, bei jungen Hunden Kniescheibenluxation.
Lebenserwartung: 12 Jahre und mehr.

Pyrenäen-Schäferhund

Nicht besonders groß und schwer, aber ein Superlativ an Energie. Bei uns selten.

Größe, Gewicht: Zwischen 38 und 56 cm; 8 bis 14 kg. Der Mittellanghaar ist etwas größer.
Fell, Farbe: Zwei Behaarungstypen – Lang- und Mittellanghaar. Eine Mischung von Ziegenhaar und Schafwolle. Immer dicht, ob lang oder mittellang. Bis auf Weiß alle Farben erlaubt.
Geeignet für: Sehr konsequente Menschen, die drinnen einen ruhigen Hund, draußen ein lauffreudiges Temperamentsbündel wollen.
Nicht geeignet für: Inkonsequente und unentschlossene Menschen.
Als Familienmitglied: Der Berger des Pyrénées ist sehr wachsam, verteidigt alles Eigentum. Misstrauisch gegenüber Fremden, sehr kinderlieb und anhänglich. Eine frühe Sozialisation der Welpen mit Kindern hilft die niedrige Toleranzgrenze gegen Kinderneckereien zu verbessern.
Rassencharakter: Gesundes Maß an Angriffslust, aufbrausendes und hitziges Wesen. Selbstbewusst, unabhängig. Hündinnen neigen zum Schmusen. Ursprünglich und auch heute noch als kleiner Hütehund in den Pyrenäen im Einsatz, wird er auch als Fährten- und Lawinenhund gebraucht.
Rassetypische Krankheiten: Sehr gesund.
Lebenserwartung: Bis 14 Jahre.

Anfänger Erfahrene Spezialisten Wohnungshund Haus mit Garten Pflege

Rhodesian Ridgeback

Eleganter, tapferer und vielseitiger Hund vom afrikanischen Kontinent.

Größe, Gewicht: 61 bis 67 cm; 29 bis 34 kg.
Fell, Farbe: Kurz, dicht, glatt und glänzend. Hellrot bis weizenrot, kleine weiße Abzeichen an Zehen und Brust sind zulässig. Haarleiste entlang der Wirbelsäule mit entgegengesetztem Haarstrich.
Geeignet für: Menschen, die viel mit ihrem Hund unternehmen können.
Nicht geeignet für: Alle, die mit einem energiegeladenen Hund nicht umgehen können.
Als Familienmitglied: Guter Wächter und Beschützer seiner Familie.
Rassencharakter: Ruhiger und gehorsamer Hund, braucht aber eine Erziehung mit fairer, fester Hand. Ursprünglich von südafrikanischen Farmern zum Bewachen ihrer Familien und Herden gegen wilde Tiere und Diebe gezüchtet. Wurde zur Jagd auf Hirsche und Federwild eingesetzt, später auch auf Löwen. Den rückwärts gerichteten Haarkamm hat er von afrikanischen Hunden. Tapferkeit und Nase sind das Erbe europäischer Hound- und Doggenahnen, seine Widerstandsfähigkeit gegen die harten Klimaverhältnisse, Tropenkrankheiten und Parasiten hat er von seinen afrikanischen Verwandten.
Rassetypische Krankheiten: Sehr robust.
Lebenserwartung: Bis 14 Jahre.

Rottweiler

Schöner »Kraftprotz«. Der Württemberger Metzgerhund ist nach der Stadt Rottweil benannt.

Größe, Gewicht: Schulterhöhe bis 68 cm; bis 50 kg. Stämmig und urwüchsig.
Fell, Farbe: Derbes, kurzes, anliegendes Stockhaar mit guter Unterwolle. Tiefschwarz mit abgegrenzten, satt rotbraunen Abzeichen über den Augen, um die Schnauze, an Wangen, Brust und Läufen.
Geeignet für: Sportliche Familien mit Kindern, die einen Garten haben.
Nicht geeignet für: Unsportliche Menschen und Hundeanfänger.
Als Familienmitglied: Guter Wachhund, bellt aber nicht. Abwartend, bedächtig. Sehr guter Familienhund.
Rassencharakter: Körperlicher und seelischer Langsamentwickler mit guter Lernfähigkeit. Furchtlos, standhaft und robust. Wesensfest, kein Wilderer und Streuner. Ursprünglich als Viehbewacher und Viehtreiber gehalten. Später als Diensthund für Polizei und Heer. Hoher Nahrungsbedarf.
Rassetypische Krankheiten: Verengung der Lidspalte (Entropium); Hüftgelenksdysplasie fast verschwunden. Gesundheitlich robust.
Lebenserwartung: Bis 10 Jahre.

Saluki

Prototyp des orientalischen Windhundes. Ein federleichter Läufer, begierig nach Lob seines Herrn.

Größe, Gewicht: 60 bis 71 cm; 14 bis 25 kg. Schön, anmutig und fast zart.
Fell, Farbe: Seidig mit Befiederung, glatthaarig ohne Befiederung. Von Weiß über Grau bis Gold mit Brand.
Geeignet für: Liebhaber, die ihm sehr viel Auslauf bieten können.
Nicht geeignet für: Menschen, die sich wenig bewegen wollen und sich mit einem Hund nur schmücken und ihr Prestige heben wollen.
Als Familienmitglied: Ruhiger Hund, der sich eine Bezugsperson auswählt. Nur mit Liebe und Konsequenz zu erziehen. Braucht viel Zuwendung.
Rassencharakter: Ruhig im Haus, lebhaft im Freien. Rennen ist sein Leben (Rennbahntempo bis 55 km/h). Gelehrig und klug. Bekannt für seine Zähigkeit und Ausdauer. Verträgt weder Härte noch Strenge, kennt keinen hündischen Gehorsam. Im Vorderen Orient, woher er ursprünglich stammt, wurde dieser Hund seit Jahrtausenden gezüchtet und bei den Beduinen nur als Geschenk überreicht. Seit 1927 ist diese Rasse in Europa anerkannt.
Rassetypische Krankheiten: Wenig bekannt.
Lebenserwartung: Bis 10 Jahre.

Samojede

Ein weißer »Teddybär« aus dem hohen Norden mit guten Eigenschaften.

Größe, Gewicht: 46 bis 56 cm; 22 bis 30 kg.
Fell, Farbe: Lang, abstehend, mit dichter Unterwolle – guter Schutz gegen Witterungseinflüsse; rein weiß, weiß mit Biskuit, Creme, Haarspitzen silberfarben.
Geeignet für: Familien und Menschen mit Tieren zum Hüten.
Nicht geeignet für: Menschen, die keine langhaarigen Hunde mögen oder den Pflegeaufwand scheuen.
Als Familienmitglied: Er ist ein schöner, liebenswerter Familienhund, der durch seine Zuchtgeschichte sehr auf den Menschen geprägt und ihm ergeben ist.
Rassencharakter: Es sind fröhliche Hunde, die jedes Spiel und jede Aufgabe aufnehmen. Diese Lebensfreude und ihre ausgesprochene Menschenfreundlichkeit ist typisch für sie. Sie wurden ursprünglich von alten Nomadenstämmen im Norden von Zentralsibirien für ihren fehlenden Jagdinstinkt beim Hüten der Rentiere und als Schlittenhunde gezüchtet.
Rassetypische Krankheiten: Haut- und Augenprobleme, familiäre Nierenerkrankungen.
Lebenserwartung: Bis 14 Jahre.

Anfänger Erfahrene Spezialisten Wohnungshund Haus mit Garten Pflege

Schnauzer

Handfeste, körperlich robuste Hunde mit markantem Aussehen. Werden in drei Größenklassen gezüchtet.

Größe, Gewicht: Zwergschnauzer: 30 bis 35 cm; bis 8 kg. Mittelschnauzer (Foto): 45 bis 50 cm; 15 kg. Riesenschnauzer: 60 bis 70 cm; etwa 40 kg. Mehr gedrungen als schlank.
Fell, Farbe: Rauhaarig, hart und dicht, typisch der harsche Bart. Reines Schwarz und Pfeffer und Salz. Zwergschnauzer auch Schwarzsilber und weiße Abzeichen.
Geeignet für: Menschen, die mehr sein als scheinen wollen.
Nicht geeignet für: Unentschlossene oder weichherzige Menschen.
Als Familienmitglied: Sehr guter Wächter. Ausgeprägter Sinn für Besitz, äußert sich beim Zwergschnauzer mit Gebell. Spielfreudig bis ins Alter.
Rassencharakter: Seelisch empfindsam. Misstrauisch gegen Fremde, auch als Zwerg mutig. Hielten früher die Ställe rattenfrei und begleiteten die Fuhrleute. Der Riese arbeitet als Polizei-, Zoll- und Blindenhund, auch als Rauschgift- und Sprengstofffahnder.
Rassetypische Krankheiten: Wenig anfällig. In bestimmten Familien Neigung zu Harnblasensteinen. Bei Zwergen Hüftgelenksveränderung.
Lebenserwartung: 14 Jahre und höher.

Sealyham Terrier

Kurzbeiniger Terrier, sollte Füchse und Dachse aus ihren Höhlen treiben. Fröhlicher, intelligenter Hund.

Größe, Gewicht: Maximal 31 cm; 8,2 bis 9 kg.
Fell, Farbe: Deckhaar lang, hart und drahtig, mit wetterfester Unterwolle; rein weiß oder weiß mit zitronenfarbenen, braunen, blauen oder dachsfarbigen Abzeichen an Kopf und Ohren.
Geeignet für: Menschen, die einen robusten, selbstbewussten kleinen Hund wollen.
Nicht geeignet für: Menschen, die Schwierigkeiten haben, konsequent zu sein.
Als Familienmitglied: Lieb und treu. Geeignet als Kinderhund, da er robust und kompakt ist.
Rassencharakter: Ursprünglich als Jäger auf Füchse, Dachse und Kleinraubtiere gezüchtet. Trotz ihrer langjährigen und gnadenlosen Zucht auf Mut und Aggressivität ist der moderne Hund wesentlich besänftigt und ein ruhiger Begleithund. Sie sind aber immer noch tapfere und selbstsichere Hunde, die eine feste, faire Erziehung brauchen.
Rassetypische Krankheiten: Verschiedene Augenkrankheiten und angeborene Taubheit.
Lebenserwartung: Bis 14 Jahre.

Siberian Husky

Die beliebteste Schlittenhundrasse der Welt ist nur etwas für Spezialisten. Sehr zäh und stark.

Größe, Gewicht: Bis 60 cm hoch; bis 27 kg schwer. Flink und leichtfüßig.
Fell, Farbe: Gerade, mittellange, schmiegsame Deckhaare über weicher, dichter Unterwolle. Von rein weiß bis schwarz, am häufigsten schwarzweiß und grau.
Geeignet für: Begeisterte Wintersportler, die mit Trainingswagen und Schlitten fahren.
Nicht geeignet für: Geruhsame und Inaktive.
Als Familienmitglied: Ohne Aggressionen gegenüber dem Menschen. Liebenswert, zugänglich, aber sehr eigenwillig. Braucht eine Leitperson. Ursprünglich vom Stamm der Chukchi als Schlittenhunde zur Bewältigung weiter Entfernungen gezüchtet. Heute dank züchterischer Auswahl beliebter Familienhund.
Rassencharakter: Sehr lernfähig, dadurch außerordentlich anpassungsfähig. Eignet sich kaum zum Begleithund, da großer Drang zum Laufen und zur Unabhängigkeit. Will gefordert werden. Im Rudel beschäftigen sich die Hunde intensiv miteinander und bauen so Energien ab. Sehr sauber.
Rassetypische Krankheiten: Robust. Neigung zu Harnleiterverlagerung.
Lebenserwartung: Bis 10 Jahre.

Tervueren

Ein belgischer Schäferhund von besonderer Erscheinung. Will eine klare Aufgabe haben.

Größe, Gewicht: 56 bis 66 cm; etwa 28 kg.
Fell, Farbe: Mittellange, gerade, üppige, sehr dichte Unterwolle. Fahl- oder mahagonifarben, mit schwarzen Grannen.
Geeignet für: Menschen mit Familie oder die viel Zeit an der frischen Luft verbringen.
Nicht geeignet für: Menschen, die nicht gerne spazieren gehen oder den Pflegeaufwand für langhaarige Hunde scheuen.
Als Familienmitglied: Durch ihre Hüteeigenschaften erstklassige Familienhunde.
Rassencharakter: Sehr vielseitige und agile Hunde, die sich außer für das Hüten von Herden auch für viele andere Aufgaben eignen, zum Beispiel im Rettungshundewesen, beim Militär und als Polizeihunde. Auch für Schutzhund- und Unterordnungsprüfungen tauglich. Sie lernen gut und sind ihrem Herrn ergeben. Da sie ursprünglich in einer Gegend in Belgien nur als Hütehunde gezüchtet wurden, sind sie ausgesprochen gern bei jedem Wetter draußen.
Rassetypische Krankheiten: In seltenen Fällen zentralnervöse Störungen.
Lebenserwartung: Bis 10 Jahre.

Tibet Terrier (Tibet Apso)

Ein ganz mit Haaren bedeckter Hund, was der Name »Apso« bedeutet. Ein sehr liebenswerter Hund.

Größe, Gewicht: 35 bis 41 cm; 8 bis 14 kg. Kompakt und kräftig.
Fell, Farbe: Doppelschichtig; mit feinem, langem Deckhaar, schlicht oder leicht gewellt, und dichter Unterwolle. Das Kopfhaar fällt über die Augen. Weiß, gold-, sand- oder rauchfarben, grau, schwarz, auch zwei- und dreifarbig.
Geeignet für: Menschen, die einen kleinen, besonderen, unkomplizierten Hund wollen.
Nicht geeignet für: Sauberkeitsfanatiker, die jedes Stäubchen stört, und alle, die die aufwändige Fellpflege scheuen.
Als Familienmitglied: Fröhlich, liebevoll, intelligent und seinem Menschen sehr ergeben.
Rassencharakter: Guter Wächter, abweisend gegen Fremde. Forscher Angreifer, wenn es darauf ankommt. Kein Raufer. Ist trotz seines Namens kein Terrier, sondern ursprünglich ein Hütehund, der wegen seiner guten Sprung- und Klettereigenschaften als Hirten- und Herdenschutzhund in Tibet im Einsatz war.
Rassetypische Krankheiten: Wenig anfällig. Außer Deckschwierigkeiten (Samenlosigkeit) nichts beschrieben.
Lebenserwartung: 14 Jahre und höher.

Westie

Der West Highland White Terrier ist ein Hund mit umwerfendem Charme.

Größe, Gewicht: Schulterhöhe 28 cm; 8 bis 10 kg schwer. Kompakter Körper.
Fell, Farbe: Rauhaar, aus hartem Deckhaar und dichter, kurzer, weicher und fest anliegender Unterwolle. Rein weiß ohne Gelbton.
Geeignet für: Freunde eines liebenswerten, kleinen »großen« Hundes, die viel Zeit für ihn aufwenden wollen und auch können.
Nicht geeignet für: Menschen, die ein süßes, schickes Hündchen zum Angeben wollen.
Als Familienmitglied: Fröhlicher, lieber Kinderhund; richtiger Kumpel. Kein Kläffer. Guter Wächter mit erstaunlich kräftigem Gebiss.
Rassencharakter: Sehr selbstbewusst anderen Hunden gegenüber. Robust, kräftig und unverdorben. Kein Raufer. Westies wurden Mitte des 19. Jahrhunderts in Schottland als weiße Erdhunde für die Jagd gezüchtet, um sie nicht mit dem Wild zu verwechseln.
Rassetypische Krankheiten: Hüftgelenkserkrankung in der Jugend (Perthes'sche Krankheit), Juckreiz und Hautentzündungen als allergische Reaktionen.
Lebenserwartung: Bis 14 Jahre.

Yorkshire Terrier

Lebhafter, furchtloser, schönhaariger Zwerg; war früher die »Taschenwaffe« der Wilderer.

Größe, Gewicht: Bis 23 cm; bis 3,1 kg. Unter 2 kg entspricht nicht mehr dem Standard. Zierlich, kompakt und wohlproportioniert.
Fell, Farbe: Haar lang, glatt und schlicht, seidig, ohne Unterwolle. Liegt wie ein Mantel über dem Körper. Dunkles Stahlblau vom Hinterkopf bis zum Rutenansatz, Kopf, Brust und Läufe lohfarben, an den Ohren am dunkelsten.
Geeignet für: Menschen, die in Kleinstwohnungen einen Hund halten wollen und die die aufwändige Fellpflege nicht scheuen.
Nicht geeignet für: Menschen, die ihren Hund nicht gern auf dem Arm tragen.
Als Familienmitglied: Liebenswürdig und wachsam. Kann viel kläffen. Anschmiegsam, sehr verspielt, deshalb gut für Schulkinder geeignet.
Rassencharakter: Keine Angst vor größeren Hunden. Verteidigt sein und das Eigentum seines Halters. Einst als Jagdhund zum Eindringen in Dachs- und Fuchsbaue gezüchtet.
Rassetypische Krankheiten: Wirbelsäulenerkrankungen mit Lähmungen. Veränderungen am Knochenschädel bei Yorkies unter 20 cm. Diese Superzwerge sind oft nervös bis neurotisch.
Lebenserwartung: Bis 14 Jahre.

Zwergpinscher

Ein temperamentvoller Zwerg, ein »großer« Hund im Taschenformat. Hieß früher Rehpinscher.

Größe, Gewicht: 25 bis 30 cm; 3 bis 4 kg. Ein verkleinerter Deutscher Pinscher.
Fell, Farbe: Kurz, dicht, glatt anliegend und glänzend. Einfarbig braun in verschiedenen Tönen bis Hirschrot oder zweifarbig: schwarz mit roten oder braunen Abzeichen.
Geeignet für: Menschen, die in einer Miniwohnung einen richtigen Hund haben wollen.
Nicht geeignet für: Menschen mit lärmempfindlicher Nachbarschaft.
Als Familienmitglied: Wachsam, leider nicht nur gelegentlich ein Kläffer. Anhänglich. Liebenswürdig, zu Späßen aufgelegt und treu ergeben.
Rassencharakter: Robust bei zerbrechlichem Aussehen. Lebhaftes Temperament, sehr einfühlsam. Es macht ihm nichts aus, auch einmal allein zu sein. Ursprünglich als Wächter zum Schutz des Hauses und gegen Ratten und Raubzeug.
Rassetypische Krankheiten: Robuster Hund, der wenig krank ist. Neigung zu Harnsteinen und Hüftgelenksveränderung (Perthes'sche Krankheit).
Lebenserwartung: 14 Jahre und mehr.

Hundewissen von A bis Z

Alphabetisch geordnet finden Sie auf den folgenden Seiten Stichworte mit knappen Erklärungen, die Ihr Wissen um Hunderassen erweitern sollen. Die Rassenporträts ergänzend oder vertiefend, vermitteln sie Ihnen die notwendigen Ausdrücke für Ausstellungen.

A

Aalstrich

Dunkle, streifenförmige Fellzeichnung, die vom Nacken bis zur Rutenspitze verläuft; etwa beim Mops.

Abzeichen

Einzelne braune, graue, schwarze oder andersfarbige Flecken als Marken am Kopf und am Körper weißer oder andersfarbiger Hunde.

Ahnentafel

Offizieller Abstammungsnachweis des Rassehundes auf einem vorgedruckten Formblatt, unterschrieben vom Zuchtbuchführer und Züchter. Mit genauer Beschreibung des Hundes und mindestens drei Generationen seiner Vorfahren.

Ankörung

Prüfung eines jungen Hundes auf Zuchttauglichkeit, besonders bei Gebrauchshunden. Sie entscheidet über die Zulassung zur Zucht.

B

Befiederung

Oder Befederung, Besatz mit halblangen Haaren (Federn) an Läufen, Ohren oder Rute.

Blauschecke oder Blue Merle

Tigerung bei Collies, Doggen und Dackeln (Tigerteckel). Die Erbanlage Merlefaktor kann von Missbildungen wie Blindheit und Taubheit begleitet werden.

Blutlinie

Aus der Ahnentafel ersichtliche Ahnenreihe einer Rassefamilie. Die Bezeichnung beruht auf der falschen Annahme, das Blut sei der Träger der Erbanlagen.

Brand

Rot- bis rostbraune Abzeichen bei dunklen, meist schwarzen Hunden.

C

CAC

Certificat d' Aptitude au Championat. Anwartschaft auf das Nationale Schönheitschampionat bei Ausstellungen.

CACIB

Certificat d' Aptitude au Championat International de Beauté. Anwartschaft auf das Internationale Schönheitschampionat. Der wichtigste Siegertitel bei internationalen Ausstellungen.

CACIT

Certificat d' Aptitude au Championat International de Travail. Seltene Anwartschaft auf das Internationale Arbeitschampionat für Gebrauchshunde.

Championat

Siegertitel für Hunde, die dem Zuchtziel, dem Standard der Rasse, am nächsten kommen.

Charakter

Summe der Eigenschaften und Eigentümlichkeiten, die die Individuen einer Rasse besitzen oder die gehäuft vorkommen: Temperament, Lernfreudigkeit, Ausdauer, Kampftrieb oder besondere Anhänglichkeit. Der Charakter bestimmt, ob die betreffende Rasse zu einem Menschen passt.

Chippen

Ist das Markieren eines Hundes unter der Haut am Hals mittels eines Chips, eines kleinen magnetischen Reflektors. Die so implantierten Daten können mit Hilfe eines speziellen Lesegerätes abgefragt werden. Der Hund und sein Besitzer sind damit klar zu identifizieren.

D

Defektzucht

Bezeichnung für Rassen, denen zwecks »Schönheitsideal« oder »originellem Aussehen« körperliche Schäden angezüchtet werden. Beispiel: Französische Bulldoggen müssen wegen ihres großen Kopfes und schmalen Beckens mit Kaiserschnitt auf die Welt gebracht werden.

Dominant

Ist eine Erbanlage, die sich sichtbar vererbt und dabei andere Erbanlagen unterdrückt. Bei Schnauzern zum Beispiel ist das Gen für Schwarz gegenüber Pfeffer und Salz dominant.

Drahthaar

Kurzes, hartes Stockhaar wie beim Foxterrier.

F

Fahne

Die langen Haare an der Unterseite der Rute.

Farbenschläge

Verschiedenartige Fellfärbung bei ein und derselben Rasse, wie beim Cocker Spaniel.

Federn

Die langen, weichen Haare auf der Rückseite der Vorderläufe bei Settern und Spaniels.

Fledermausohr

Längliches, an der Basis breites Stehohr mit abgerundeter Spitze, wie bei der Französischen Bulldogge.

Formwert

Bewertung der Hunde auf Ausstellungen nach ihrer Schönheit. Die Prädikate sind: »vorzüglich«, »sehr gut«, »gut«, »genügend« und »ungenügend«. Die Grundlage für die Bewertung ist der Rassestandard.

Fransen

Bezeichnung für die langen Haare am Ohr, wie beim Afghanen.

G

Gestromt

Dunkle Querstreifen auf hellerem Fell wie beim Boxer oder Bullterrier.

Glatthaar

Siehe Kurzhaar.

Granhaar

Oder Grannenhaar; harsches Deckhaar, das die Unterwolle überragt.

Größe des Hundes

- Kleinst- oder Zwerghunde: bis zur maximalen Schulterhöhe von 24 cm.
- Kleine Hunde: bis 34 cm Schulterhöhe.
- Mittelgroße Hunde: bis 70 cm Schulterhöhe.
- Große Hunde: über 70 cm Schulterhöhe.

H

Hose

Die langen, weichen Haare an der Hinterseite der Oberschenkel, wie bei Settern.

Hound

Im Englischen die Bezeichnung für den Jagdhund im Gegensatz zum Allgemeinhund (dog).

Hundezucht

Sie unterliegt keiner speziellen rechtlichen Regelung. Ein Züchter braucht keine besondere Ausbildung nachweisen.

I

Inzestzucht

Paarung nächster Verwandter wie Bruder/Schwester, Mutter/Sohn oder Vater/Tochter. Kommt bei Wildtieren häufig ohne nachteilige Folgen vor.

Inzucht

Paarung nahe verwandter Tiere, durch die zwar keine neuen Erbfehler entstehen (es kommen keine anderen Anlagen von fremden Tieren hinzu), aber Fehler, die im Erbgut vorhanden sind, sichtbar werden können. Durch richtige Inzucht können Fehler in einer Zuchtlinie bereinigt werden.

J

Jagdhunde

Rassen, die für die Jagdausübung geeignet sind und deshalb nur in die Hände von Jägern gehören. Zu den Jagdhunden gehören Schweißhunde, Vorstehhunde, Erdhunde und Laufhunde.

K

Karpfenrücken

Stark gewölbter Rücken, der meist als fehlerhaft gilt. Beim Bulldog und Italienischen Windspiel rassetypisch.

Kippohr

Hohes Kippohr oder Überfallohr: Nur die äußerste Spitze fällt vornüber, z. B. Collie. Schweres Kippohr: Das ganze obere Drittel fällt nach vorn, z. B. Foxterrier.

Klappohr, Knopfohr

Hoch angesetztes, mittellanges Ohr mit nach vorn überfallendem Lappen, wie beim Mops.

Konstitution

Ererbte Körperbeschaffenheit, Widerstandskraft gegen äußere Einflüsse, körperliche Leistungsfähigkeit.

Körmeister

Formwert- oder Zuchtrichter, der die Berechtigung hat, Ankörungen durchzuführen.

Körpergröße

Ist im Standard festgelegt, wird am höchsten Punkt der vorderen Rückenpartie gemessen.

Kraushaar

Das einzelne Haar ist gedreht wie beim Pudel und neigt zur Verfilzung (Schnürenpudel).

Kreuzung

In der Hundezucht die Paarung von Tieren der gleichen Rasse, die nicht miteinander verwandt sind.

Kupieren

Das Abschneiden oder Beschneiden von Rute und/oder Ohren bei Welpen nach den jeweiligen Rassestandards. Beides ist laut Tierschutzgesetz in Deutschland verboten.

Kurzhaar

Auch Glatthaar genannt. Sehr kurzes, glatt anliegendes Deckhaar unter Rückbildung der Unterwolle, wie beim Boxer, Dackel und Dobermann.

L

Langhaar

Weiches, langes Deckhaar mit guter Unterwolle, wie beim Neufundländer, oder ohne Unterwolle, wie beim Setter. Bei dichter Unterwolle und abstehendem Deckhaar spricht man von Langstockhaar, wie beim Spitz.

Letalfaktor

Erbanlage, die zu schweren Missbildungen, manchmal auch zu Totgeburten führt. Häufig an andere, in der Zucht jedoch erwünschte Merkmale gebunden. So tritt mit der Farbe Weiß (Bullterrier) oder mit der Dalmatinerscheckung die Taubheit auf. Letalfaktoren können rezessiv sein und unentdeckt bleiben, nur bei Inzucht werden sie sichtbar.

Linienzucht

Der Versuch, wünschenswerte Eigenschaften durch Paarung verwandter Partner (Inzucht) zu verstärken und weniger wünschenswerte auszumerzen.

M

Marke

Andere Bezeichnung für Abzeichen.

Maske

Symmetrisches, scharf begrenztes, von der Grundfarbe abstechendes Farbfeld des Hundegesichtes, wie beim Bernhardiner (braun) und Mops (schwarz).

N

Namensgebung

Der offizielle Name des Hundes besteht aus dem Rufnamen und dem Zwingernamen.
Vorschrift für den Züchter:

- Die Namen aller Welpen eines Wurfes müssen mit dem gleichen Anfangsbuchstaben beginnen.
- Er muss diese Anfangsbuchstaben in der Reihenfolge des Alphabets bei seinen verschiedenen Würfen verwenden.

P

Pfeffer und Salz

Farbbezeichnung für dunkles Deckhaar mit hellen Spitzen, wie beim Schnauzer.

Phänotyp

Das äußere Erscheinungsbild eines Hundes. Es entsteht aus dem Zusammenwirken von Erbanlagen (Genotyp) und Umwelteinflüssen.

Pigmentierung

Farbstoffablagerungen an Lidrändern, Nasenspiegel und Lefzenrändern. Bei weißen Hunden erwünscht.

Preisrichter

Benoten auf Schönheitsausstellungen und Leistungswettbewerben die Hunde.

R

Rassen

Untergruppen von Haustieren einer Art, die sich in bestimmten rassetypischen Merkmalen voneinander unterscheiden. Rassen werden nach subjektivem Ermessen abgegrenzt.

Rassezuchtvereine

Zurzeit gibt es in Deutschland 71 vom Verband für das Deutsche Hundewesen anerkannte Rassehundzuchtvereine (siehe Adressen, Seite 155).

Rauhaar

Sich hart und rau anfühlendes, kurzes oder mittellanges Deckhaar, das nach verschiedenen Richtungen absteht, wie beim Rauhaardackel.

Reinrassigkeit

Wenn ein Hund aus guter Zucht durch seinen Stammbaum (siehe dort) dokumentiert wird.

Rezessiv

Das Gegenteil von dominant (siehe dort). Rezessive Erbanlagen sind äußerlich nicht sichtbar, bleiben aber im Erbgut erhalten, um in einer späteren Generation wieder aufzutauchen.

Ringelschwanz

Wird ausgeringelt über dem Rücken oder seitlich getragen.

Rosenohr

Hundeohr mit nach hinten gefalteter Ohrmuschel. Die Spitze zeigt nach unten und lässt das Innere der Ohrmuschel teilweise sehen, wie bei der Englischen Bulldogge.

S

Schlag

Eine Gruppe von Hunden, die innerhalb ihrer Rasse zusätzlich gemeinsame Merkmale haben.

Schutzhundprüfung

Hund und Herr legen sie in einem Gebrauchshundesportverein oder im Verein für Deutsche Schäferhunde ab. Sie ist entsprechend dem Alter des Tieres in drei Stufen unterteilt, die man nacheinander ablegen muss:

- SchH I für Hunde ab 14 Monaten
- SchH II für Hunde ab 16 Monaten
- SchH III für Hunde ab 18 Monaten

Sie enthält drei Arbeitsgebiete: Fährtenarbeit, Unterordnung und Schutzdienst.

Stammbaum

Darstellung aller von einem Elternpaar abstammenden Nachkommen in Form eines Baumes oder einer Tabelle.

Stammbuch

Wird von den Rasseclubs geführt, deren Zuchtwart alle Würfe rassereiner Hunde einträgt. Ahnentafeln für Hunde, die nicht im Stammbuch nachprüfbar sind, sind wertlos.

Standard

Oder Rassestandard. Beschreibung des Idealtyps einer Rasse mit allen ihren Merkmalen.

Stehohr

Aufrecht stehendes Ohr.

Stichelhaar

Hartes, halblanges und raues Haar, das nur wenig absteht. Auch mittellanges Wirrhaar wird so genannt.

Stockhaar

Ursprüngliches Haar, das aus dichter Unterwolle mit mittellangen Deckhaaren besteht, wie beim Deutschen Schäferhund.

Stop

Ausgeprägter Stirnabsatz über der Nasenwurzel.

T

Tan

Englische Bezeichnung für Gelb- bis Rostbraun, z. B. Black and Tan Terrier.

Tätowierung

Kennzeichnung der Welpen mancher Rassen mit ihrer Zuchtbuchnummer im Ohr oder an der Schenkelinnenseite mittels Tätowierzange.

Trocken

Muskulöser Hund ohne Fettablagerungen mit eng anliegender, dünner Haut, beispielsweise Bullterrier.

Tulpenohr

Zugespitztes Stehohr, dem Blütenblatt einer Tulpe ähnlich, wie beim Deutschen Schäferhund.

U

Überfallohr

Siehe hohes Kippohr.

Überzüchtung

Durch züchterische Übersteigerung von Merkmalen wie Größe, einzelnen Körperteilen oder allgemeinem Aussehen kann es zu Defekten oder zur Degeneration wie auch zu Verhaltensstörungen kommen (siehe auch Defektzucht).

Unterwolle

Die wolligen Haare unter den Deckhaaren, die im Winter gegen Kälte, im Sommer gegen Sonnenbestrahlung schützen.

W

Wamme

Lose Haut an der Kehle, wie bei Bernhardiner und Basset.

Wellhaar

Deckhaar und Unterwolle sind gewellt, wie beim Barsoi. Starkes Wellhaar heißt Kraushaar.

Widerrist

Teil der Wirbelsäule, der zwischen den Schulterblättern liegt, ohne sie zu überragen. Dort wird die Körpergröße des Hundes gemessen.

Z

Zotthaar

Sehr langes, grobes Haar, wie beim Bobtail.

Zuchtbuch

Siehe Stammbuch.

Züchter

Eigentümer einer Zuchthündin zum Zeitpunkt des Belegens oder der Geburt der Welpen.

Zuchtgruppe

Vorführung von mindestens drei Hunden einer Rasse aus gleichem Zwinger auf einer Ausstellung. Die Hunde müssen am gleichen Tag bei der Einzelbewertung mindestens die Note »gut« erhalten haben.

Zuchtwahl

Unter normalen Zuchtbedingungen wählt der Züchter die Tiere zur Vermehrung aus, die seiner Meinung nach die von ihm gewünschten Eigenschaften besitzen.

Zwerghunde

Kleinsthunde von ebenmäßigem Wuchs und wohlproportionierten Körperformen. Nicht mit dem krankhaften Zwergwuchs (Nanismus) zu verwechseln. Zwergformen werden von zahlreichen mittelgroßen Rassen gezüchtet.

Zwinger

- Eingezäunter Auslauf um die im Freien gelegene Unterkunft des Hundes.
- Gesamter Hundebestand eines Züchters, der unter einem vom Zuchtbuchamt genehmigten Namen eingetragen ist.

Sachregister

Die halbfett gesetzten Seitenzahlen verweisen auf Abbildungen.

A

B

C

D

E

F

L

M

N

O

P

R

S

T

U

V

W

Z

Rassenregister

Adressen / Literatur

Adressen
Fédération Cynologique Internationale (FCI), 13 Place Albert I, B-6530 Thuin/Belgien

Verband für das Deutsche Hundewesen e.V. (VDH), Postfach 104 154, D-44041 Dortmund
www.vdh.de

Österreichischer Kynologenverband (ÖKV), Johann-Teufel-Gasse 8, A-1230 Wien

Schweizerische Kynologische Gesellschaft (SKG/SCS), Länggaßstr. 8, Postfach 82 76, CH-3001 Bern

Bei allen Adressen können Sie Informationen über Hundevereine, Hundeschulen, Hundepensionen, Züchter, Kurse und Ausstellungen erfragen.

Fragen zur Hundehaltung beantworten
Ihr Zoofachhändler und der Zentralverband Zoologischer Fachbetriebe Deutschlands e.V., D-63225 Langen, Tel. 0 61 03/91 07 32 (nur telefonische Auskunft möglich)
www.zzf.de

Haftpflichtversicherung
Fast alle Versicherungen bieten auch Haftpflichtversicherungen für Hunde an.

Krankenversicherung
Uelzener Allgemeine Versicherungsgesellschaft AG, Postfach 21 63, D-29511 Uelzen

AGILA Haustier-Krankenversicherung AG, Breite Str. 6–8, D-30159 Hannover

Registrierung von Hunden
Haustier-Zentralregister für die BRD e.V. (TASSO), Postfach 14 23, D-65783 Hattersheim, Tel. 0 61 90/40 88
www.tiernotruf.de

IFTA, Internationale Zentrale für Tierregistrierung, Weiherstr. 8, D-88145 Hergatz, Tel. 01 80/5 21 34 02

Deutsches Haustierregister, Baumschulallee 15, D-53115 Bonn, Tel. 02 28/6 04 96-0

Wer seinen Hund vor Tierfängern schützen will, kann ihn hier registrieren lassen.

Hunde im Internet
www.hundeadressen.de

www.hunde.com
www.yorkie.com
www.hunde.ch
(Interessengemeinschaft für Hunde in der Schweiz)

www.hunde.at

Bücher, die weiterhelfen
(falls nicht im Buchhandel, dann in Bibliotheken erhältlich)

Bergler, R.: Warum Kinder Tiere brauchen. Herder Verlag, Freiburg
Bloch, G.: Der Wolf im Hundepelz. Westkreuz Verlag, Bad Münstereifel
Brünger, C.: Mit meinem Hund auf Reisen. Gräfe und Unzer Verlag, München
Feddersen-Petersen, D., Ohl, F.: Ausdrucksverhalten beim Hund. Enke Verlag, Stuttgart
Lind, E.: Mensch-Hund-Harmonie. Gräfe und Unzer Verlag, München
Ludwig, G.: Mein Hund macht, was er will. Gräfe und Unzer Verlag, München
Ludwig, G.: Mein Traumhund. Gräfe und Unzer Verlag, München
Ludwig, G.: Mit dem Hund spielen und trainieren. Gräfe und Unzer Verlag, München
Rehage, F.: Lassie, Rex und Co. Der Schlüssel zur erfolgreichen Hundeerziehung. Kynos Verlag, Mürlenbach
Schlegl-Kofler, K.: Hundeschule für jeden Tag. Gräfe und Unzer Verlag, München
Schlegl-Kofler, K.: Unser Welpe. Gräfe und Unzer Verlag, München
Waniorek, L.: Fitnessplaner für den Hund. Gräfe und Unzer Verlag, München
Waniorek, L.: Wenn mein Hund alter wird. Gräfe und Unzer Verlag, München
Warrlich, A.: Tiersprechstunde – So bleibt mein Hund gesund. Gräfe und Unzer Verlag, München
Wilcox, B., Walkowicz, Ch.: Kynos Atlas Hunderassen der Welt. Kynos Verlag, Mürlenbach
Zimen, E.: Der Hund. Goldmann Verlag, München
Zimen, E.: Der Wolf. Knesebeck Verlag, München

Zeitschriften und Broschüren
Der Hund, Deutscher Bauernverlag GmbH, Wilmsaue 36, 10713 Berlin

Partner Hund, Gong Verlag, Nordendstr. 64, 80801 München

Unser Rassehund, Herausgegeben vom Verband für das Deutsche Hundewesen e.V., Postfach 104 154, 44041 Dortmund

Der Autor
Ulrich Klever, Autor sehr erfolgreicher Hundebücher, mit internationalen Auszeichnungen geehrt, war Hundehalter mit Leib und Seele. Seine Bücher basieren auf seinen praktischen Erfahrungen im Zusammenleben mit Hunden und seinem Wissen als Zoologe. Die glückliche Mensch-Tier-Beziehung war für ihn das erklärte Ziel, erreichbar durch eine Hundehaltung »mit Herz und Verstand«, die dem Wesen des Hundes und seinen Ansprüchen gerecht wird und durch konsequente Erziehung und richtigen Umgang ein problemloses Zusammenleben gewährleistet.
Die vorliegende aktualisierte Überarbeitung entstand unter der Mitarbeit von Frau Dr. Katharina Seybold. Sie arbeitet als praktische Tierärztin in Nussdorf bei Rosenheim. Ihr Schwerpunkt liegt auf ganzheitlicher Tiermedizin. Hier verbindet sie die Schulmedizin mit Naturheilmethoden wie Akupunk-

tur, traditioneller chinesischer Kräutermedizin und Tierkinesiologie.

Die Fotografin

Christine Steimer, selbst Hundehalterin, hat sich nach der Fotografenlehre und einem Volontariat bei dpa 1990 auf die Heim- und Haustierfotografie spezialisiert. Sie arbeitet für internationale Buchverlage, Fachzeitschriften und Werbeagenturen.

Alle Aufnahmen in diesem Buch stammen von Christine Steimer, mit Ausnahme von: Bilder Pur (Francais/Cogis): S. 117 re.; (Klein, Hubert): S. 126 re., 127 re.; (Steimer): S. 122 re.; (Vedie/Cogis): S. 120 re.; (Weimann): S. 68; (Zack Burries Inc.): S. 144–149; IFA-Bilderteam/Arco Images: U1, UR; Juniors: S. 137 re.; (Botzenhardt): S. 136 re., 140 re.; (Essler): S. 125 re.; (Köpfle): S. 143 re.; (Krämer): S. 120 li.; (Putz): S. 135 li.; (Schanz): S. 127 li., 143 li.; (Steimer): S. 76 u.; (Wegler): S. 115 li., 116 re., 118 re., 119 li., 121 re., 134 li., re., 139 li., 141 re.; (Wegner): S. 117 li., 138 re.; Krämer: S. 119 re.

Die Zeichnerin

Renate Holzner arbeitet als freie Illustratorin und Künstlerin in Donaustauf bei Regensburg. Ihr breites Repertoire reicht von der inhaltlich sachlichen Illustration bis hin zur freien Malerei. Zu ihren Kunden zählen renommierte Verlage im Sachbuch- und Kunstdruck-Bereich.

Dank

Der Verlag dankt Herrn Rechtsanwalt Reinhard Hahn für die juristische Beratung.

Die Fotos auf dem Buchumschlag

Vorderseite: Golden Retriever. Rückseite: Spielende Hunde (links). Inniges Mensch-Hund-Verhältnis (Mitte). Ein Beagle macht seine erste Bekanntschaft mit Blumen (rechts).

Die Fotos auf den Kapitelaufmacherseiten: Seite 4: Der Australian Shepherd ist ein echter Hütehund, der beschäftigt werden will. Seite 8: Mischling schüttelt sich nach einem Bad. Seite 10: Durch Belecken des Welpen festigt die Golden-Retriever-Mutter die Bindung. Seite 16: Wasserbegeisterte Hunde apportieren auch aus dem kühlen Nass. Seite 26: Gemeinsame Freizeitgestaltung harmonisiert die Mensch-Hund-Beziehung. Seite 28: Ein selbstbewusster Golden-Retriever-Welpe auf einer seiner ersten Erkundungstouren. Seite 46: Viele Hunderassen brauchen täglich reichlich Auslauf. Seite 56: Mischlinge sind genauso liebenswert wie Rassehunde. Seite 66: Heulend ruft der Beagle nach seinem Rudel. Seite 68: Der Wolf ist Stammvater aller Hunde. Seite 74: Das Graben ist allen Hunden angeboren (Foto: Kleiner Münsterländer). Seite 88: Wurfspiele mit Ball oder Frisbee begeistern jeden Hund. Im Foto ein Australian Shepherd. Seite 106: Ob groß (Golden Retriever) oder klein (Chihuahua) – unter den mehr als 300 Hunderassen findet jeder die für ihn geeignete Rasse. Seite 108: Der Mops ist ein idealer Familienhund.

Redaktion: Anita Zellner, Sibylle Kolb
Lektorat: Angelika Lang
Umschlaggestaltung und Layout: independent Medien-Design, München
Satz: Schröter, München
Produktion: Susanne Mühldorfer
Repro: Penta, München
Druck: Appl, Wemding
Bindung: Großbuchbinderei Monheim
Printed in Germany

ISBN 3-7742-4792-7

Auflage	4	3	2	1
Jahr	04	03	02	01

Das Original mit Garantie

Ihre Meinung ist uns wichtig. Deshalb möchten wir Ihre Kritik, gerne aber auch Ihr Lob erfahren. Um als führender Ratgeberverlag für Sie noch besser zu werden. Darum: Schreiben Sie uns! Wir freuen uns auf Ihre Post und wünschen Ihnen viel Spaß mit Ihrem GU-Ratgeber.

Unsere Garantie: Sollte ein GU-Ratgeber einmal einen Fehler enthalten, schicken Sie uns das Buch mit einem kleinen Hinweis und der Quittung innerhalb von sechs Monaten nach dem Kauf zurück. Wir tauschen Ihnen den GU-Ratgeber gegen einen anderen zum gleichen oder ähnlichen Thema um.

Ihr Gräfe und Unzer Verlag
Redaktion Heimtier
Postfach 86 03 25
81630 München
Fax. 089/4 19 81-113
e-mail:
leserservice@graefe-und-unzer.de